体育学术研究文丛

休闲体育产品设计与开发

翁　飚　编著

北京体育大学出版社

策划编辑：李志诚　钱春华
责任编辑：李志诚　仝杨杨
责任校对：原子茜
版式设计：小　小

图书在版编目（CIP）数据

休闲体育产品设计与开发／翁飚编著. －－北京：
北京体育大学出版社，2024.1
ISBN 978 - 7 - 5644 - 3929 - 3

Ⅰ.①休… Ⅱ.①翁… Ⅲ.①休闲体育 – 产品设计②
休闲体育 – 产品开发 Ⅳ.①G811.4

中国国家版本馆 CIP 数据核字（2023）第 209994 号

休闲体育产品设计与开发
XIUXIAN TIYU CHANPIN SHEJI YU KAIFA

翁　飚　编著

出版发行：北京体育大学出版社
地　　址：北京市海淀区农大南路 1 号院 2 号楼 2 层办公 B – 212
邮　　编：100084
网　　址：http：//cbs. bsu. edu. cn
发 行 部：010 – 62989320
邮 购 部：北京体育大学出版社读者服务部 010 – 62989432
印　　刷：三河市龙大印装有限公司
开　　本：710mm × 1000mm　1/16
成品尺寸：170mm × 240mm
印　　张：11. 75
字　　数：300 千字
版　　次：2024 年 1 月第 1 版
印　　次：2024 年 1 月第 1 次印刷
定　　价：70. 00 元

前言

产品设计主要是解决人与人造物之间的关系，是将每一个科学技术的产物转化为与生活密切相关的需求物的过程。产品设计主要涉及人与产品之间的关系，包括使用关系、审美关系、经济关系、环境共存关系。产品开发是从发掘市场机会开始到产品的制造、销售和运输为止的一系列活动。产品开发的过程是一系列活动的整合，这一整合包括了最初的产品外观的构想、市场分析定位、市场开发、技术实现、制订生产计划、确保各项计划有效落实的设计管理、制定新产品的市场发售渠道、推广宣传等诸多方面的内容，产品设计也包括在产品开发的过程之中。

休闲体育产品设计与开发，可以满足全民健身的多样化和个性化需要；促进休闲体育企业成长，帮助休闲体育企业创造竞争优势，使休闲体育企业剩余的生产能力得以充分利用，促进休闲体育其他产品的销售，加速新技术、新材料和新工艺的应用；激发休闲体育企业管理人员和技术人员的创造力。

"休闲体育产品设计与开发"是休闲体育专业本科生的一门专业选修课程，课程目标是传授产品设计与开发的基础理论，启迪学生的创新思维，让学生掌握休闲体育产品的设计步骤和手绘表达技能，了解休闲体育产品开发的全过程，最重要的一点是培养学生的创新能力。本书就是为实现该课程目标而编写的。在编写过程中力求全面、准确、标准、实用，强调理论性、实用性、操作性相结合的原则，体现一般原理与典型案例相结合的特点。产品设计案例需要呈现大量图样，本书也不例外，这也是本书的特色所在。

在本书编写过程中，笔者参阅并引用了一些相关书籍和资料，在此向原作者致以诚挚的敬意和谢意！福建师范大学体育科学学院研究生罗阳建参与了本书部分章节的资料搜集和创作。值本书出版之际，向帮助本书编写、出版的朋友们表示衷心的感谢！

目录

第一章　休闲体育产品设计与开发概论 ················· （1）

　　第一节　基本概念 ······························· （1）

　　第二节　休闲体育产品设计与开发的意义和作用 ········ （6）

　　第三节　休闲体育产品的类别 ····················· （11）

　　第四节　对休闲体育产品设计与开发的认识 ·········· （11）

　　第五节　休闲体育产品设计与开发的现状 ············ （15）

第二章　休闲体育产品设计过程 ····················· （22）

　　第一节　休闲体育产品设计的特点 ················· （22）

　　第二节　休闲体育产品设计的创想阶段 ·············· （25）

　　第三节　休闲体育产品设计的一般流程 ·············· （39）

　　第四节　休闲体育产品设计的执行过程 ·············· （40）

　　第五节　设计软件在休闲体育产品设计流程中的应用 ··· （55）

第三章　休闲体育产品设计创新方法和创意理论 ········· （59）

　　第　节　休闲体育产品设计创新方法 ··············· （59）

　　第二节　休闲体育产品设计创意理论 ··············· （74）

　　第三节　休闲体育产品个性化定制设计策略 ·········· （77）

　　第四节　休闲体育产品跨界交叉设计策略 ············ （80）

第四章　休闲体育产品用户体验和用户心理需求 ········· （82）

　　第一节　休闲体育产品用户体验 ··················· （82）

　　第二节　休闲体育产品用户心理需求 ··············· （88）

　　第三节　休闲体育产品消费者购买动机与设计定位 ····· （90）

第五章　休闲体育产品创新设计定位和绿色设计方法 ····· （96）

　　第一节　休闲体育产品创新设计定位 ··············· （96）

　　第二节　休闲体育产品绿色设计方法 ··············· （98）

　　第三节　休闲体育产品设计的风险 ················· （104）

第六章　休闲体育产品设计管理与评价 ……………………………（110）

第一节　休闲体育产品设计管理 ………………………………………（110）

第二节　休闲体育产品设计过程中人的因素 …………………………（114）

第三节　休闲体育产品品牌塑造与建设 ………………………………（115）

第四节　休闲体育产品设计评价 ………………………………………（119）

第七章　休闲体育产品开发过程 ……………………………………（123）

第一节　休闲体育产品开发的一般过程 ………………………………（123）

第二节　休闲体育产品开发流程管理中的门径管理系统 ……………（130）

第三节　休闲体育产品生命周期与产品开发周期 ……………………（132）

第四节　休闲体育产品开发的成本 ……………………………………（136）

第五节　休闲体育产品开发完整步骤解析 ……………………………（137）

第八章　未来休闲体育产品的设计 …………………………………（141）

第一节　休闲体育产品智能化设计 ……………………………………（141）

第二节　休闲体育智能机器人 …………………………………………（151）

第三节　休闲体育仿真系统：仿真高尔夫练习系统 …………………（157）

第九章　休闲体育产品设计与开发典型案例 ………………………（162）

案例一：智能运动鞋的设计与开发 ……………………………………（162）

案例二：运动服装的设计与开发 ………………………………………（163）

案例三：探析现代运动服装设计的潮流走向 …………………………（166）

案例四：环都市乡村休闲体育旅游产品多元升级设计 ………………（169）

案例五：场景式节目设计的看点——"印象"系列实景演出 …………（172）

参考文献 ……………………………………………………………（177）

第一章　休闲体育产品设计与开发概论

第一节　基本概念

一、休闲体育产品的概念

（一）休闲体育的概念

休闲活动分为两大类：一类为动态，一类为静态，其中动态的休闲活动主要是指休闲体育。

具体来说，休闲体育是人们利用余暇，为了达到健身、娱乐、消遣、刺激、冒险等多种目的而自愿选择并从事的各种形式的身体活动的统称，是人们善度余暇、合理支配时间、提高生活质量的社会文化活动。

休闲体育属于体育范畴，是社会体育的组成部分。随着社会的进步和经济的发展，人们对于休闲体育的需求剧增，各式各样的休闲体育活动已经成为人们生活中的重要内容，成为有益于身心健康、增加幸福感、提高生活质量的大众体育活动。休闲体育对增进健康、强健体魄、预防疾病和康复、提高文化素养和精神文明建设水平、丰富生活内容与加强人际关系、促进人的社会化与个性形成等都具有重要意义和作用。

（二）产品的概念

产品是指能够供给市场，被人们使用和消费，并能满足人们某种需求的任何东西，包括有形的物品，无形的服务、组织、观念或它们的组合。产品一般可以分为五个层次，即核心产品、基本产品、期望产品、附件产品、潜在产品。核心产品是指整体产品提供给购买者的基本效用和利益；基本产品是核心产品的宏观化；期望产品是指顾客在购买产品时，一般会期望得到的一组特性或条件；附件产品是指超过顾客期望的产品；潜在产品是指产品或开发物在未来可能产生的改进和变革。在经济领域中，产品通常可理解为组织制造的任何制品或制品的组合。在《现代汉语词典》中，其解释为"生产出来的物品"。

（三）新产品的概念

一种产品只要在功能或形态上得到改进，与原产品产生差异，并为顾客带来新的利益，即视为新产品。

根据出发点不同，新产品分为全新产品、新产品线、现有产品线增补产品、现有产品改进与更新产品、再定位型产品、成本减少型产品。

（四）体育产品、体育商品、体育用品的概念及差别

体育产品：通过体育生产活动和市场活动产生的，可以满足人们某种体育需求及利益的物质产品和非物质形态的体育服务。体育产品具有体育性、生产性、劳务性、生产消费同步性等特征。

体育商品：商品的基本属性是价值和使用价值；价值是商品的本质属性，使用价值是商品的自然属性。用于市场交换且通过市场交换实现价值的那部分体育产品才称得上是体育商品。广义的体育商品除了可以是有形的体育产品外，还可以是无形的体育服务。

体育用品：为实现体育服务目的，以体育活动为交换媒介，为体育活动而生产或扩展的各类体育产品。体育用品强调为产品的生产而投入的部分，它的表现形式是实物型产品，如体育器材、运动装备（体育服装、运动鞋、运动包、运动辅助配件等）、体育场馆、运动保护器具、运动营养品等。

三者的差别：体育产品的含义突出生产过程，无论是物质产品还是非物质的体育服务产品都需要经过生产、劳动创造出来；体育商品的含义强调产品交换和实现价值的过程；体育用品的含义侧重于为体育活动服务的体育实物型产品的使用价值和功能价值。

（五）休闲体育产品的概念

结合发达国家对休闲体育产业的定义以及我国相应的产业分类标准，休闲体育产业的概念是：以全体民众为对象，以满足消费者强身健体、愉悦身心、提升素质的需要为目标，利用余暇，围绕休闲体育项目开展的一切经营活动。

休闲体育产品是休闲体育产业的主要依托，是休闲体育产业供给主体提供给市

场的，能够满足人们健身娱乐需求和创造商业利润的有形物品、无形服务或它们的组合。

二、设计和开发的概念

（一）设计的概念

设计就是在确定一个模糊的方向和目标时，应用灵感构思出渐渐接近心中所向往的方向和目标的东西。

设计的意义和基本要求在于理解用户的期望、需要、动机，并理解业务、技术和行业上的需求与限制，将这些东西转化为对产品的规划（或者产品本身），使得产品的形式、内容和行为变得有用、能用，令人向往，并且在经济和技术上可行。这是伴有艺术性的创作和创意活动。

（二）开发的概念

广义的开发是指通过研究或努力，开拓、发现、利用新的资源或新的领域。

狭义的开发是指在进行商业性生产或使用前，将研究成果或其他知识应用于某项计划或设计，以生产出新的或具有实质性改进的材料、装置、产品等。

三、产品设计和产品开发的概念

（一）产品设计的概念

产品设计主要是解决人与人造物之间的关系，是将每一个科学技术的产物转化为与生活密切相关的需求物的过程。

世界设计组织（原名国际工业设计协会）将产品设计定义为：对于工业产品而言，在形态、色彩、材料及表面工艺、结构及使用方面给予产品新的特质。

美国工业设计师协会将产品设计定义为：以优化产品性能、价值和外观，提高厂商和顾客之间的相互利益为目的而进行的产品概念和特性的创立与开发方面的专业服务。

产品设计主要涉及人与产品之间的关系，包括：①使用关系；②审美关系；③经济关系；④环境共存关系。

产品设计可以改善人的工作条件，提高人的工作效率，促进人的生活质量提高，为人提供更好的学习条件，替代或延伸人的智力与体力，最终完善人与产品之间共存、和谐的关系。

工业设计于 20 世纪初产生于西欧，早期的欧洲设计师主要源自建筑设计师和工程师，他们不仅注重实用，还强调几何形态、精确度、简便性和经济性。欧洲工业设计师强调产品设计要从内到外，形式应该为功能服务。美国早期的工业设计思想与欧洲不同，因为美国的早期工业设计师源自场景设计人员和艺术家，一般是为销售和广告服务的，所以他们认为产品的外观比功能重要得多，他们很注重产品外形的流线型设计。

欧美早期产品设计思想的差异表现在 20 世纪 30 年代的产品差异上，如汽车工业，20 世纪 30 年代欧洲汽车外形简单流畅，而同时代的美国汽车却装饰着一些非功能性的配件，像尾翼和镀铬的齿轮等；美国从婴儿车到自来水笔，产品的外形设计都应用了空气动力学方面的理论，但这并不是产品功能所必需的。到了 20 世纪 70 年代，市场竞争日益激烈，欧洲工业设计思想对美国工业设计思想产生了深远影响，美国企业逐渐接受工业设计不只是为造型和外观服务的观念。贝尔、福特、IBM（国际商业机器公司）等公司率先把工业设计和产品开发有效地结合起来。

自 20 世纪后期以来，随着人们生活方式和价值观念的更新，设计活动已经不再局限于工业，"产品设计"这一概念也慢慢被运用在各个领域中，而伴随着设计活动与设计过程的多样性和多元化，产品设计不再仅以满足外观和使用功能为目的，便利性和提升生活质量也成为其考量因素。产品设计已经综合了文化、科技、艺术、营销等方面的知识，是一项凝聚了多学科专业知识、经验的综合工程。从外观来看，其包括线条、色彩、结构、材质、界面、符号语义、人的需求、文化特点等要素，我们可以将其统称为设计对象。产品设计就是有效地组织这些信息，将设计出来的标的物通过外部所传递的整体观感展示给受众。对于设计产物，受众除了能感受到其形于外的标的物价值，还可以感受到其内在的文化、科技以及艺术价值。

所以，现代设计师必须了解并使用更多现代化方式作为实际设计的具体手段。对所有产品而言，如果在产品设计过程中未经过消费者调研就预测市场是一件非常危险的事情，如果单纯地凭"感觉"作为设计依据，会产生不可预估的影响以及极大的风险。设计师必须通过统计的方法来确定潜在的消费者数量，了解消费者的需求，进行充分的市场细化，并通过严格的程序以及最佳的技术手段加以设计。设计师还要了解新的技术市场竞争和产品发展趋势的影响，这也是重要的一环。同时，设计出的新产品应具有良好的功能，在给定的价格的基础上实现最高的质量。

　　为了保持和发展业务，所有的公司都会把基本的竞争——新产品的设计当作一个关键的战场，而产品设计师就是实施作战的前线部队。产品设计是一个完整的活动体系，不仅包括工程方面的元素，更是许多交叉学科作用的产物，充满了风险和机遇，这就要求一个设计团队在产品设计的过程中，能对技术、市场、时机等多个方面做出有效的判断。

　　（二）产品开发的概念

　　产品开发是从发掘市场机会开始到产品的制造、销售和运输为止的一系列活动。产品开发要求能够为现有的市场带来全新的观念，而产品开发的过程是一系列活动的整合，这一整合包括最初的产品外观的构想、市场分析定位、市场开发、技术实现、制订生产计划以及确保各项计划有效落实的设计管理等诸多方面的内容，有时甚至包括制订新产品的市场发售渠道、推广宣传等计划。

　　产品开发由各项符合市场开发与商业运作的技术活动构成，下列三项功能是产品开发的中心。

　　（1）设计功能。设计功能在定义最能满足消费者需求的产品的实物形态时发挥着领导作用。

　　（2）制造功能。制造功能主要指设计并运行生产系统，以便生产产品。宽泛地讲，制造还包括采购、分配和安装等活动。这些活动的集合通常称为供应链。

　　（3）营销功能。营销功能在企业与消费者之间起中介作用。营销常常帮助企业确定产品、确定产品机会、定义市场分块和确定消费者需求。营销通常还可以促进企业与消费者之间的交流、帮助产品设定目标价格、监督产品试销与促销等。

四、创新、创造、发明的概念

　　（一）创新的概念

　　创新是指一个企业或机构把一些新技术、新功能转化到企业产品或服务上的活动。

　　（二）创造的概念

　　创造是指想出新方法、建立新理论、做出新的成绩或东西。具体而言，创造就是将两个或两个以上概念或事物按一定方式联系起来，主观地制造客观上能被人普遍接受的事物，以达到某种目的的行为。简而言之，创造就是把以前没有的事物生产或者造出来，这明显是一种典型的人类自主行为。因此，创造的一个最大特点是有意识地对世界进行探索性劳动。

（三）发明的概念

发明是应用自然规律解决技术领域中特有问题而提出创新性方案、措施的过程。发明是为了满足人们日常生活的需要，其成果或是提供前所未有的人工自然物模型，或是提供加工制作的新工艺、新方法。机器设备、仪表装备和各种消费用品以及有关制造工艺、生产流程和检测控制方法的创新和改造，均属于发明。

在知识产权领域，发明是指《中华人民共和国专利法》所保护的发明创造的其中一种专利类型，是指对产品、方法或其改进所提出的新的技术方案。在专利领域中，发明有其规定的保护对象或者说保护客体。

第二节　休闲体育产品设计与开发的意义和作用

一、休闲体育产品设计与开发的意义

（一）响应《国务院关于实施健康中国行动的意见》

《国务院关于实施健康中国行动的意见》提出，"实施全民健身行动。生命在于运动，运动需要科学。为不同人群提供针对性的运动健身方案或运动指导服务。努力打造百姓身边健身组织和'15分钟健身圈'。推进公共体育设施免费或低收费开放。推动形成体医结合的疾病管理和健康服务模式。把高校学生体质健康状况纳入对高校的考核评价。到2022年和2030年，城乡居民达到《国民体质测定标准》合格以上的人数比例分别不少于90.86%和92.17%，经常参加体育锻炼人数比例达到37%及以上和40%及以上"。加强休闲体育产品设计与开发，将有助于增强运动健身的多样性、趣味性、科学性、便捷性、有效性，不断提升休闲体育有形产品的智能化水平，满足不同分层人群的需要和个性化需求，提高参与者的身体素质和健康水平。

（二）贯彻落实《国务院办公厅关于促进全民健身和体育消费推动体育产业高质量发展的意见》

《国务院办公厅关于促进全民健身和体育消费推动体育产业高质量发展的意见》提出，"培养健身技能，增强体育消费粘性，激活健身培训市场""大力发展'互联网＋体育'。推动电子商务平台提供体育消费服务"。不断提升休闲体育产品设计与开发的水平，有助于满足人民群众日益增长的体育消费需求，可以把单调、乏味的体育竞技运动变成多姿多彩、趣味盎然的休闲体育游戏，丰富休闲体育产品的种类，让消费者的选择空间更大，并能进一步开发休闲体育消费市场，推动休闲体育产业高质量发展。

（三）满足全民健身的多样化和个性化需求

随着我国进入小康社会，民众对自身健康和休闲娱乐的追求越来越高，全民健身方兴未艾，休闲体育作为运动健身的主要方式深受民众欢迎。然而，由于各种因素的制约，我国流行的休闲体育项目和休闲体育产品不多，休闲体育产品的选择面窄，民众往往将休闲体育产品与竞技体育产品混为一谈。加强休闲体育产品设计与开发，将有助于激发体育工作者的创造性，极大地丰富休闲体育产品的内容，让乏味、单调、枯燥的运动健身变得有趣、多样、生机勃勃，使休闲体育有形产品变得更智能、更轻便、更美观、更易操作、更人性化，使休闲体育项目与休闲体育有形产品达到最高契合度。对于体育教师和社会体育指导员而言，积极开展休闲体育产品设计与开发，有助于拓展体育教学内容和丰富教学方式，做到因地制宜、因人而异，让每一堂富有创意的体育课吸引住学员的眼光和脚步，让学员徜徉在快乐运动的氛围中。

二、休闲体育产品设计与开发的作用

（一）促进休闲体育企业成长

不断提高休闲体育产品设计与开发的发展水平，可以促进休闲体育企业成长和规范运作，激发休闲体育企业转型升级的内生动力，加快推进休闲体育企业组织结构升级，促进休闲体育企业跨界融合、优势互补和融通发展；有利于提高市场主体管理水平，提升市场主体整体素质和增强发展实体经济新动能。

（二）帮助休闲体育企业创造竞争优势

产品设计与开发的能力和水平是休闲体育企业创造竞争优势的重要条件之一。休闲体育企业通过设计与开发新产品，促成产品差异化，形成足以引发顾客偏好的特殊性，使顾客能够把本企业的产品同其他竞争性企业提供的同类产品有效地区别开来，从而达到使企业在市场竞争中占据有利地位的目的。

（三）满足顾客不断变化的需求

伴随着生活水平的提高，产品体验无处不在，顾客消费期望值不断升高，对休闲体育产品的要求也越来越高。提高休闲体育产品设计与开发的水平，能满足顾客不断变化的需求，使其生活更加美好。

（四）促使休闲体育企业剩余的生产能力得到充分利用

休闲体育企业通过研发新产品、产品线延伸、营销模式创新等，充分利用企业剩余的生产能力，获取增量利润，设法填补市场空隙，尽可能提高企业的生产效率。

（五）促进休闲体育其他产品的销售

休闲体育产品设计与开发不仅可以提高自身产品的销量、利润、市场占有率，还可以促进产业链上所有衍生产品的销售，甚至延伸至相关产品、替代产品的买卖，从而推动整个休闲体育市场乃至休闲市场的蓬勃发展。

（六）加速新技术、新材料和新工艺的应用

休闲体育产品设计与开发必然朝着智能化、便捷化、实用化发展，日新月异的高科技会让设计者脑洞大开，在休闲体育产品设计与开发过程中加速新技术、新材料和新工艺的应用。

（七）激发休闲体育企业管理人员和技术人员的创造力

休闲体育产品设计与开发本身就需要设计者富有创新能力，如果休闲体育企业是一个创新企业，就更能激发休闲体育企业管理人员和技术人员的创造力，使企业具有良好的创新活力。

三、休闲体育产品设计与开发的主体

（一）休闲体育产品设计与开发一定要以企业为主体

"十一五"规划中明确要求，把增强自主创新能力作为科学技术发展的战略基点。在自主创新和研究开发活动中，一定要以企业为主体，使企业在自主创新中成为投资主体、研发主体和应用主体，成为国家自主创新体系中最重要的主体。

R&D 经费指全社会研究与试验发展经费，具体而言是指统计年度内全社会实际用于基础研究、应用研究和试验发展的经费支出，包括实际用于研究与试验发展活动的人员劳务费、原材料费、固定资产购建费、管理费及其他费用支出。在我国，企业是 R&D 经费的主要来源，2019 年，企业资金占全国 R&D 经费的 76.3%，政府资金占 20.5%。

（二）企业主体地位原因分析

（1）以企业为主体，企业最有可能主动把研发成果转化为生产力，有效收回创新投入，在市场上保持优势地位，获取新产品"垄断"利润。

（2）以企业为主体，能体现以市场为导向的方针，使企业加快技术创新能力建设，朝着产学研深度融合的方向发展。

（3）以企业为主体，是由企业间竞争的残酷性决定的。企业只有不断地进行休闲体育产品设计与开发，不时地有新的休闲体育产品诞生，即时设计、即时开发、即时上线生产，短平快地将研发成果转化为休闲体育产品，才能在激烈的市场竞争中保持领先地位。

四、休闲体育产品设计与开发的特征

（一）不确定性

由于受科学技术发展、竞争对手、消费者需求、政府政策等外部因素的影响，休闲体育产品设计与开发过程中在实用性、款式、时空性、产品生命周期上存在一定的不确定性。

（二）科技性

设计的进步依赖于人类已掌握的科学原理，如设计者对形态、结构的认识，就借助了数学、物理的观察成果。数字化、智能化、物联网、区块链等技术的发展深刻影响着休闲体育产品设计的方向和手段。

（三）变革性

现代科技的飞速发展，必然促成休闲体育产品设计与开发的变革，其从观念到产品乃至流程，都将打破传统模式。

（四）偶然性

随着生活方式的改变，追求健康理念、休闲理念以及快乐理念的不断升华，设计者偶尔会灵机一动，产生新奇的想法，设计与开发出新颖的休闲体育产品。

（五）艺术性

设计被视为艺术活动，是艺术生产的一个方面。设计对美的不断追求决定了设计中不可或缺的艺术性。设计的艺术手法主要有借用、解构、装饰、参照和创造。毋庸置疑，体育产品设计与开发过程中必然浸润着艺术性。

（六）边际收益递减

边际收益递减是经济学的一个基本概念，是指在一个以资源作为投入的企业，单位资源投入对产品产出的效用是不断递减的。随着消费者对休闲体育产品的功能、款式、质量、活动方式、效用等的要求越来越高，休闲体育产品设计与开发的难度将越来越大。

五、休闲体育产品设计与开发的基本原则

（1）休闲体育产品设计与开发要追求具备时代性、社会性和民族性的"美"，并且能够商品化，实现盈利。

（2）休闲体育产品设计与开发要融合科学与艺术双方面要素，实现精神功能与物质功能的协调统一。

（3）休闲体育产品设计与开发既要有独创和超前的一面，又必须为所属时代的使用者所接受。

（4）休闲体育产品设计与开发要受一定市场条件、技术因素和社会背景等的制约，追求的是目标客户的公众审美，而不是设计师个人主观认为的美。

第三节　休闲体育产品的类别

一、按休闲体育性质划分

休闲体育产品按休闲体育性质可分为休闲体育用品（有形产品、物质产品）、休闲体育服务产品（无形产品、劳务产品）。

二、按活动环境划分

休闲体育产品按活动环境可分为室内类、户外陆地类、水面类、空域类。

三、按活动性质划分

休闲体育产品按活动性质可分为健身类、娱乐类、养生类、康复医疗类、冒险类、消遣类。

四、按活动基本特征划分

休闲体育产品按活动基本特征可分为眩晕类、命中类、节奏类、格斗类、滑行类、攀爬类。

五、按产业融合发展划分

休闲体育产品按产业融合发展可分为体育旅游类、体育文化创意类、体育军事类、休闲体育＋农业、休闲体育＋工业、多产业融合类。

第四节　对休闲体育产品设计与开发的认识

一、休闲体育产品设计

（一）概念

休闲体育产品设计是解决体育人与造物人之间的关系，将每一个科学技术创新的产物转化为以满足休闲体育活动目的为主要规划而开展的一系列创设需求物的过程。

（二）特征

休闲体育产品设计的特征具体包括三个方面：功能的需求、技术的进步和理念的发展。这也是发掘产品设计概念的三个必备因素，一个新的休闲体育产品设计概念的提出，往往是这三个因素相互结合的产物。

二、休闲体育产品开发

（一）概念

休闲体育产品开发是休闲体育产品设计师或者企业构思、设计和商业化一种产品的多个步骤，用来改进老产品或开发新产品，使其具有新的特征或用途，以满足顾客的需要，从发掘休闲体育市场机会到产品的制造、销售和运输的一系列活动。由于人们对休闲体育的需求经常变化，以及休闲体育户外环境多变，休闲体育企业只有不断改进产品，提高产品科技含量，增加产品功能，提高产品质量，改进外观包装等，才能适应消费者不断变化的需求以及满足不同的运动环境对于休闲体育产品的高要求。

（二）特征

休闲体育产品开发是一个完整的流程（图 1 - 1），是把一系列步骤和一系列投入变成一系列产出的过程。这些步骤都具有组织性和活动性。

图 1 - 1　休闲体育产品开发完整流程

（三）典型例子：德国多特公司 Aircomfort 网架背负系统

关于休闲体育产品开发，不得不提的就是德国多特（Deuter）公司。自 1898 年创立以来，多特公司始终以质量和创新引领户外运动潮流，以坚决生产耐用与功能性兼备的户外产品为理念，为全球户外运动爱好者提供耐用、舒适、安全性高的精良装备。最早，多特公司设计开发的产品是针对军方的，而后逐渐转为民用。多特公司进行了深入的市场调查，在 1972 年后针对户外运动市场制定了完整的开发战略，最终在 1984 年，多特公司极具革命性的网架背负 + 透气系统——Aircomfort 网架背负系统诞生了。该款设计通过德国海恩斯坦研究院官方正式发布。Aircomfort 网架背负系统可降低人体 25% 的排汗量，引起了一场背包市场的颠覆性变革，而背负系统的设计与开发无疑是多特公司核心竞争力的体现。多特公司始终专注于前沿科技与传统技艺的融合，孜孜不倦地追求精致的完美工艺，Aircomfort 网架背负系统的开发诠释了德国人精益求精的工匠精神，体现了多特公司坚持品质和科技并举的风格。

　　将多特公司发明并推出 Aircomfort 网架背负系统看作休闲体育产品开发的典型之作，在于该产品的产生符合图 1 – 1 的整个开发流程。通过官方研究院发布并量产上市，突出体现了 Aircomfort 网架背负系统产品从设计、制造到推广、销售等一系列过程。（图 1 – 2）

图 1 – 2　Aircomfort 网架背负系统背包

三、休闲体育产品设计与开发

（一）概念

　　休闲体育产品设计与开发是由休闲体育产品设计师或者企业为了满足休闲体育活动目的而开展的物质或服务的创设行为，以及商业化一种产品的多个步骤串联起来的一系列活动。该系列活动是从企业战略高度来规划的，包括从识别顾客需求、发掘市场机会到产品概念开发，以及设计定型、制造及推向市场的一整套活动及管理过程。

（二）特征

1．系统性

休闲体育产品设计与开发由多个环节组成，是一个复杂的系统工程。它需要多学科交融作用，最后凝结出一个高品质的休闲体育产品。

2．转化快

一个产品的设计与开发是由多个环节组成的，以往，各个环节的衔接很不紧密，尤其是产品设计与定型、生产制造之间存在脱节、拖沓、延期等现象，导致新设计的休闲体育产品转化成商品的时间比较长。现在，休闲体育产品设计与开发的转化过程明显加快。

（三）典型例子：浙江天鑫运动器材有限公司生产的蹦床公园

蹦床公园（图 1-3）是一种彰显自由和健美的休闲体育产品，富有灵活性的弹跳功能，能够锻炼参与者的四肢关节。蹦床公园灵活而多样的玩法，适合所有年龄段人群参与体验，能让每个参与者在蹦跳过程中彻底释放平时的各种压力，是一款非常健康实用的休闲体育产品。现代蹦床公园内部包含的五大区域分别是互动蹦床区、灌篮区、海绵球池区、躲避球区、儿童拓展游艺区，不同的功能区设计可吸引不同年龄段的游客参与其中。

图 1-3　蹦床公园

现代蹦床公园以跨越式设计理念打造卓越品质，以新颖的运动方式拓展盈利空间，以优质原材料工艺铸就一流产品。蹦床公园的运营优势是提供一站式游乐设备定制服务。浙江天鑫运动器材有限公司本着脚踏实地、锐意进取的企业精神，不断自我加压、自我突破，并一如既往地发扬开拓创新、卓越品质始终如一的精神，以市场为中心，以消费需求为导向，致力于为消费者提供更优质的产品和满意的服务。

浙江天鑫运动器材有限公司将产品设计与开发连成一体，在产品设计上紧贴国内外市场需求，不断吸收国际先进的运动休闲项目、新产品、新工艺。蹦床公园类新产品从诞生之日起就直通市场，形成产品概念定位、设计定型、产品制造及进入市场等一系列经营活动的串联过程，其间产品转化快、时滞短、反馈及时。该公司的模块化设计和个性化处理也富有特色。

第五节　休闲体育产品设计与开发的现状

一、休闲体育市场发展现状

虽然近几年体育学术界对休闲体育关注度越来越高，开设休闲体育专业的高校也越来越多，但是，真正对休闲体育有清晰认识的人却不多，更谈不上对休闲体育产品的明确界定了。人们往往将休闲体育产品与体育产品混为一谈，有些体育专业人士或许会认为户外运动装备就是休闲体育产品。若要全面搞清休闲体育产品的发展现状，必须从休闲体育市场、休闲体育产品、休闲体育产品设计与开发三条脉络入手，下面着重介绍休闲体育市场。

休闲体育市场是指休闲体育产品交易过程中所有要素的总和，具有如下特征：①休闲体育市场生产和经营的休闲体育产品既包含有形产品又囊括无形产品，有形产品就是指休闲体育用品，而无形产品是指休闲体育服务产品，因此，休闲体育市场又可以分成休闲体育用品市场和休闲体育服务产品市场；②休闲体育市场所生产和经营的产品与体育市场、体育旅游市场没有很明显的界限，许多产品是融通的，甚至与休闲市场、娱乐市场、生态农业市场等还有一些交叉，只是在自发性、身体活动性、非功利性等方面更加突出；③休闲体育服务产品具有生产和消费的时空一致性；④休闲体育市场形态具有多样性和多层次性；⑤休闲体育市场发展有受制约性。

（一）国际休闲体育市场发展现状

1. 户外运动、极限运动持续红火

户外运动和极限运动的热门项目有登山、徒步、骑行、冲浪、山地自行车、汽车拉力、越野摩托车、悬崖跳水、跳伞……这些富有挑战性、刺激性的运动可以满足爱好者的高层次需求，高层次需求即社交需求、尊重需求、自我实现需求。面对的挑战越多，就越能发现更多的机会，越能探索并发展自己的真正潜力，困难障碍恰恰就是自我发现过程中的重要因素，挑战过程也远比胜利本身更珍贵。

2. 健身朝着智能化方向发展

2023 年 1 月，美国运动医学会（American College of Sports Medicine，ACSM，是国际健身行业四大认证机构之一）公布了 2023 年全球健身十大趋势，如下：

（1）可穿戴技术（wearable technology）。

可穿戴技术包括体适能追踪器、智能手表、心率监测设备和 GPS 跟踪设备。这些设备可以跟踪记录心率、热量和静坐时间等信息。

（2）自由负重力量训练（strength training with free weights）。

自由负重力量训练使用杠铃、哑铃和壶铃来提高和保持肌肉能力。训练中，根据不同的训练目标选择不同的次数、组数、节奏、重量和练习。

（3）自重训练（body weight training）。

自重训练是以体重作为训练阻力、非稳定、多平面动作的一类训练。自重训练使用少量的训练器材，这使该方法能够低成本有效地进行。

（4）老年人健身计划（fitness programs for older adults）。

老年人健身计划迎合"婴儿潮"出生的一代人的健身需要。老年人可能比年轻人拥有更好的支付能力，健身俱乐部可以从这个增长的市场中获利。人们寿命更长，工作期限更长，保持健康和活动状态也更长。

（5）功能性健身（functional fitness）。

功能性健身是指运用力量训练来提高平衡、协调、力量和耐力，以改善日常生活的活动。功能性健身往往采用日常生活中实际使用的动作。

（6）户外活动（outdoor activities）。

健身专业人士为他们的顾客提供更多的户外活动，例如团体性步行、骑行或有组织的团体性远足。这些活动持续时间可长可短。参与者可能有组织地在当地一个

公园、自行车道上或远足区域碰面。

（7）高强度间歇训练（high - intensity interval training）。

高强度间歇训练通常包括短时高强度运动和短时间歇。虽然市面上的高强度间歇训练有很多种，但共同之处在于高强度部分的运动强度均超过最大强度的90%。

（8）减重运动（exercise for weight loss）。

减重运动是指将所有减重课程与一个合理的运动课程进行整合的健身方法。该方法有时结合膳食干预、食物制作培训等内容。

（9）雇用认证健身专业人士（employing certified fitness professionals）。

雇主重视雇用经业界公认的或认证项目认证的健身专业人士。越来越多的培训项目已被国家认证机构认可，因此雇主在判断认证资质时变得越来越容易。

（10）私教训练（personal training）。

这项趋势随着私教训练在网络、健身俱乐部、家庭和工作场所的普及而延续。私教训练指教练和顾客一对一地制订训练计划以满足顾客的需求和目标，通常包括体适能测试和目标设置。

（二）国内休闲体育市场发展现状

1．休闲体育服务项目成为投资热点

随着"健康第一""全民健身""终身体育"观念的深入人心，户外拓展运动、冰雪运动、健美塑身、瑜伽、体育舞蹈、气排球、游泳、三人篮球、五人足球、体育旅游等休闲体育服务项目越来越受欢迎，这些项目成为企业家投资经营的热点。下面分享两个早期投资成功的典型例子。

（1）东方希望集团投资建设北京南山滑雪场。中国东方希望集团于2001年年初联合瑞罗纺织企业（上海）有限公司、北京阿尔卑斯体育发展有限公司等股东共同出资，组建了北京南山滑雪滑水度假村有限公司，总投资超过2亿元，东方希望集团拥有相对控股地位。南山滑雪场于2001年年底开业，经营状况越来越好，如今生意兴隆，顾客纷至沓来，每天人声鼎沸，北京公交集团还特意为其开通了从北京城里直达滑雪场的公交专线。该滑雪场已建成高、中、初级雪道共25条，还拥有中国第一条国际标准的半管式（U形）单板雪道、大型单板自由式跳台和彩虹杠等设施，同时拥有国内唯一的"猫跳"（MOGUL）高级道和儿童雪地摩托专用道，以及国内第一座六人制雪地足球场。该滑雪场引进了奥地利高科技降雪系统，2台德国的雪道平整车，安装有四人座、双人座架空滑雪缆车共3条，大小地面拖牵缆车9

条；戏雪娱雪方面，引进建设了德国威岗旱地雪橇（滑道1318米）、加拿大雪上飞碟、韩国爬犁和美式索道雪山滑翔翼及儿童滑翔伞。度假区内设立了团队、散客大型雪具出租厅各一座，占地7000平方米，可供租用的进口雪具达到5000套；同时有中国第一家专设独立会所的滑雪俱乐部——南山滑雪俱乐部，它拥有世界首创的SKI OUT – IN（滑出滑进）会所设计，滑出滑进的屋顶雪道由二楼会所直达雪场，并配专用拖牵轻松返回会所，落地玻璃咖啡廊可眺望雪山，以此为VIP会员提供冬日独特的休闲体验。东方希望集团看中的不只是南山滑雪场这样一个项目，而是一种商业模式。东方希望集团正在将这种模式推向全国，在休闲体育产业领域里展开一场产业整合运动。

（2）朱树豪投资深圳观澜湖高尔夫球场。自1992年开始，朱树豪博士先后投资逾30亿港元，建设和开发观澜湖高尔夫球场。当时的土地以山丘和低谷为主，由于土壤酸性比较高，不适合种植，大量土地长期丢荒，无人问津。早些年，包括朱树豪在内一共3个投资者，另外两个投资者在前3年都相继退出了。他们送给朱树豪的话是："你这是在拿钱往海里扔。"但是朱树豪毅然买下了观澜湖这片地的70%。朱树豪认为："在我们一小时车程的范围内有几十万个企业，几十万个企业就有几十万个企业主，还怕没人到这里打球？"朱树豪6年赚了38个亿。随后他投资房地产，在高尔夫球场周围建造了81幢建筑面积868平方米的别墅，售价为1000万~3000万人民币。观澜湖高尔夫球场的发展对启动内需和解决就业问题作用很大。以观澜湖为例，其经过10年的发展，不仅将深圳与东莞的荒山野岭改造为国家最高质量等级的5A旅游度假区，同时为国家创造了10个亿的直接收入。另外，一个标准的18洞高尔夫球场的运营需要200名球童，10个球场就需要2000名，这无疑能解决一部分人的就业问题。同时，观澜湖高尔夫球场已经成为一个高档的国际化社区，由球场延伸出去的大卫利百特高尔夫学院分院、五星级骏豪酒店、51个网球场、高尔夫用品专卖店、11间中西餐厅以及健身房、桑拿、壁球和桌球等设施已经成为一个完整的产业链，其中的复合经济收入是非常惊人的。

2．户外运动及其用品呈现快速上升的发展趋势

随着人们生活水平的提高和对精神文化生活的追求，户外运动逐渐表现出它独特的市场前景和巨大的经济价值，受到爱好者的追捧，加上大众健身选择运动项目的多元化，以户外运动用品、健美塑身用品、体育舞蹈服装、泳衣泳具等为代表的休闲体育用品市场也跟着红火起来，尤其是户外运动方面，国内诞生了几家户外运动用品的知名品牌。据专家预估，我国的户外运动具有1200亿元的潜在市场、20

亿元的年销售额、1 亿人的参与范围。户外运动已经悄然成为一个新兴产业。自助游特别是野外生存体验，是时下都市年轻人追求的一种时尚的户外运动方式。2016 年国家林业局的一项有关户外运动人群的调查显示，在经常从事户外运动的人群中，60.2% 的人具有大学本科或同等学力，27.4% 的人有大学本科以上学历，由此可见，高学历的人群占了近九成；而在收入方面，以 3000 元作为一个分水岭，月薪 3000 元以上的人群占 48.6%；在年龄构成上，20 ~ 40 岁的人占 84.1%，40 ~ 50 岁的人占 7.1%。从事户外运动的人群有高收入、高学历、年轻化的特点，这部分人群对于这种在欧美国家颇为普及的休闲方式更容易接受，户外运动本身所蕴含的挑战自我的精神也与年轻人积极向上的特质相吻合。据估计，目前中国已有几百家国内户外用品生产商，七八十家全球著名的户外产品制造商以及俱乐部，户外运动用品以及装备的年销售额已达 20 亿元。而 2002 年这个数字还不到 3 亿元，2000 年这个数字是 6000 万元。户外运动市场近年来呈几何级数的增长，吸引了越来越多的参与者。根据著名旅游网站调查，我国旅游人数正以每年 26% 的速度增长，而其中增长最快的就是 20 ~ 40 岁年龄段的"背包一族"；旅游用品市场需求则每年增长 17%。然而这些与全球户外运动产业年交易额 150 多亿美元的规模相比，中国的相关产业还处于起步阶段，市场发展空间很大。

3．健身朝着实用性、个性化、智能化、大众化等多维方向发展

这从 2021 年中国健身趋势调查（20 强）的名目可窥一斑。

（1）减重运动。

（2）健康饮食。

（3）运动与健康从业人士培训与认证。

（4）青少年体育。

（5）有氧健身。

（6）核心训练。

（7）私人训练。

（8）功能性健身。

（9）健康指导。

（10）健身专业人士的许可。

（11）运动损伤预防与康复。

（12）自由负重力量训练。

（13）户外活动。

（14）运动即良医。

（15）雇用认证健身专业人士。

（16）自重训练。

（17）健身结果测量。

（18）生活方式医学。

（19）小团体私人训练。

（20）移动设备运动 App。

二、中国休闲体育产品面临的窘境

（一）中国休闲体育用品设计与开发中存在的问题

以运动鞋的设计与开发为例。目前市场上的国内品牌运动鞋虽然众多，但大多受国外品牌的影响，能够形成自己风格的屈指可数，能在国际大赛中展示的也仅有"安踏""李宁"等几个品牌，而且以服装为主。国内品牌运动鞋的款式、广告和营销模式都大同小异，同质化现象十分严重。其广告和营销模式还停留在赛事赞助和明星效应上，没有形成自己的企业文化和营销理念，所以内部竞争较为激烈。在国外著名品牌运动鞋纷纷抢占中国市场的情况下，中国企业和设计师们应该有更多的思考，要不断寻找符合中国文化背景的设计元素和设计方法。在东西方文化的碰撞和交流中，中国的设计师要积极地吸收外来文化，融合东西方文化的精髓，更深层次地挖掘中国文化艺术中的宝贵财富，在吸收借鉴的基础上，敏锐捕捉市场信息，根据消费需求创造出新的设计形式和表现方法，设计出符合受众喜好的品牌运动鞋。

（二）中国休闲体育服务产品设计与开发中存在的问题

中国休闲体育服务产品设计与开发中存在的主要问题是产品单调乏味、想象空间小，对休闲体育的内涵理解得不够透彻，不善于将休闲体育相关元素进行对接、组合、串联、拼构；休闲体育电视娱乐栏目照搬国外电视栏目，创意不足。中国有5000多年悠久的文明史，传统文化中蕴含着丰富的养生、强体、保健、娱乐等内容，完全可以为休闲体育服务产品设计所用；也可以将竞技体育项目改造成休闲体育项目，如气排球就是从竞技体育项目六人排球改造而来的，深受各个年龄段人群尤其是中老年人的喜爱。

三、休闲体育产品设计与开发的价值

（一）弘扬社会主义核心价值观的重要途径

党的十八大提出，要积极培育和践行社会主义核心价值观。富强、民主、文明、和谐是国家层面的价值目标，自由、平等、公正、法治是社会层面的价值取向，爱国、敬业、诚信、友善是公民个人层面的价值准则。休闲体育产品设计与开发，是推动中华优秀传统文化创造性转化和创新性发展的手段，是培育和践行文明、和谐的价值目标，是推动中华文化走向世界、提升国家文化软实力的重要渠道。

（二）满足广大人民群众健身和休闲的多样化需求

随着我国国民经济的飞速发展，人民生活水平的不断提高，广大人民群众开始追求健康长寿，希望能根据自身的条件选择各式各样的健身手段从事锻炼。通过休闲体育产品设计与开发，可以满足广大人民群众健身和休闲的多样化需求。近年来国内兴起的广场舞、气排球、三人篮球、五人足球等就是很好的证明。

（三）丰富广大人民群众高品质的精神文化生活

休闲体育与竞技体育的最大区别就在于休闲体育有明显的时间概念，它是在闲暇参加的体育活动。科学技术为生产力的发展插上了腾飞的翅膀，智能机器人将代替人类工作，人类工作的时间会越来越少，闲暇会越来越多。人们开始把许多时间花在休闲度假上，旅游、体育健身、交际、娱乐等各种新式生活方式将走进我们的生活。加上收入水平的不断提高，人们越来越追求高品质、时尚的生活方式，追求如马斯洛需求层次理论中的社交、尊重、自我实现的精神需求，而休闲体育产品刚好符合人类对高层次精神文化生活的需求。

（四）促进体育消费和体育产业的发展

体育产业是朝阳产业，无论是追求健康长寿，还是将其看作一种生活方式，体育都有助于拉动国民的消费热情，而休闲体育作为体育的一个重要组成部分，在21世纪乃至22世纪都将对体育消费起到促进作用。

第二章　休闲体育产品设计过程

第一节　休闲体育产品设计的特点

休闲体育产品设计过程是具有历史性的，不同的时代必然具有不同的特色，前面说到的多特背负系统等，其产生都是因为社会经济在发展、科学技术在进步、文化在不断变迁，消费者的需求也在不断地改变。

一、休闲体育产品设计更多的是关注以"人"为中心的设计

关注以"人"为中心的设计，强调从人自身的生理、心理出发对休闲体育产品设计进行规划，而人性化设计也是现代休闲体育产品设计的一个重要特点。随着信息化时代的发展，休闲体育产品设计的重点已经不单纯是功能主义了，也不再是纯粹的造型漂亮和便于使用，而是越来越多地关注人的行为方式、心理感受和情感诉求，是一种积极的"体验设计"，这也是其他产品设计所不具备的。我们可通过在休闲体育产品中加入情怀感、加入故事性，再通过美妙的造型、精妙的材质、怡人的色彩搭配、完善的功能去迎合人们潜藏的心理诉求，不断创造新的功能结构、生动的界面、新颖的操作方式等。美国心理学家马斯洛提出，人的需求可分成生理需求、安全需求、社交需求、尊重需求和自我实现需求五个层次，这五个层次的需求由低到高排列成金字塔。根据马斯洛需求层次理论（图2-1），一般来说，当低层次的需求被满足后，人们就受到行为驱使力的作用去追求更高层次的需求，而一个国家和地区人们需求层次的高低是和该国家和地区经济、文化、科技水平的高低和人们受教育程度的高低息息相关的。休闲体育产品的人性化设计理念也体现了人类需求的较高层次，即对使用者的尊重，也在一定程度上反映了人类行为方式和心理活动的客观规律。

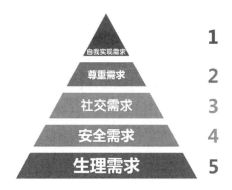

图 2-1 马斯洛需求层次理论

二、休闲体育产品设计崇尚创新和科技

休闲体育产品从诞生之日起，就一直没有停止创新的步伐，但创新是分阶段和层次的，这与休闲体育产品设计在社会经济中所处的地位有关。尽管有人认为创新源于富有创造力的个人偶然的灵感，但是现在的创新产品、创新企业都要依靠严谨的研究和细化的流程。这些获取创造力的流程与我们通常认为的"流程"有本质上的不同，这是一种从造型上的创新到技术上的创新最后到人文上的创新。很多人觉得休闲体育产品的设计，仅是在造型上或活动方式上做调整，并没有实质性的创新过程，其实那些追求卓越构想、不愿失败的人，带着他们骨子里的骄傲，将每个产品的设计和构想都发挥到了极致。

（一）休闲体育产品的功能创新

休闲体育产品的发展离不开科学技术的发展，科技的发展改变了设计的对象，也改变了设计的材料和手段。每一次设计对象的改变都意味着休闲体育产品的科技含量的不断提高，科技的发展改变着人们的生活方式，催生着新产品的出现。

当今国内运动鞋领军品牌"李宁"和"安踏"，在科技研发方面一直做得非常突出。李宁与香港科技研发中心进行"脚型"数据和专业运动项目"脚型"数据研究，力图研制出最适合中国人的运动鞋。他们通过对运动过程进行研究，分析出各种不同运动对鞋的需求，进而制造出适合各种专业运动的专业产品，如2006年全明星战靴、拱形跑鞋、全透气跑鞋、第三代芯技术篮球鞋等，这些代表了国内专业运动鞋领域顶尖水平的产品具有很高的科技含量。安踏在全方位开展体育营销的同时，紧紧抓住"科技"这一发展命脉，抢先成立了在国内处于领先水平的科技研发中心，使安踏的产品研发制造能力迅速提升。安踏的各运动鞋的款式都是针对不同运动特点来设计定位的，技术含量在某些方面已具备了与国际顶级品牌对抗的实力，如有独创性的"MAGNETIC CORE"（芯技术）、马拉松鞋的超轻量控制、专业乒乓球鞋的楦型和鞋底结构设计、鞋底 TPU 助力桥的研发、鞋跟骨架式 PU 减震结构……这些研发项目都已投入生产并得到认可。

（二）休闲体育产品的材料创新

材料是休闲体育产品使用寿命的保证，也是科技含量的绝对体现，如果材料不过关，其款式设计再新、色彩再绚烂也无济于事。以运动鞋为例，当前市场上的运动鞋材质一般有动物皮、帆布和人造材料三大类，各材料的属性特点各有不同，在此不做深层次的探讨。材料的使用不是固定不变的，而是因时而变的。2020 年 4 月中旬安踏推出了 FLASHLITE 安踏氢科技和安踏氢跑鞋 2.0，以及经过认证的世界最轻运动风衣，一系列产品让人们对轻的定义有了新的认识。针对 FLASHLITE2.0，安踏创新团队在材料研发上投入超过 500 天，经过 200 多轮的研发测试，鞋底各维度经过 30 多轮次的测试，上市后受到消费者喜爱。

（三）休闲体育产品的交互设计创新

交互设计是定义、设计人造系统的行为的设计领域，它定义了两个或多个互动的个体之间交流的内容与结构，使之互相配合，共同达成某种目的。交互设计努力去创造和建立的是人与产品及服务之间有意义的关系，以"在充满社会复杂性的物质世界中嵌入信息技术"为中心。交互系统设计的目标关注以人为本的用户需求，可以从"可用性"和"用户体验"两个层面上进行分析。休闲体育产品设计是一种人文性的创新设计。创新是设计不断接近其本质的必经之路。随着交互设计成为现在产品设计界研究的新领域，休闲体育产品设计更注重交互设计创新。

三、休闲体育产品设计是更加多元化的设计

多元化并非指设计风格上的多样化，而是指随着社会信息化的持续推进以及人们运动方式和运动态度的变化，休闲体育产品设计呈现出多元化发展趋势。这些发展趋势包括人性化设计、仿生学设计、通用设计、绿色设计、时尚设计、交互设计、

系统性设计等。这些发展趋势并不是孤立存在的，而是相互作用、相互影响，描绘出了现代休闲体育产品设计蓝图。这些设计理念的提出，正好迎合了可持续发展的构想，也是人性化设计的一种，可见休闲体育产品设计与各类设计是相辅相成、不可分割的。

关于多元化设计中的时尚潮流问题。无论是竞技体育还是休闲体育，消费者都渴望奔放，强调个性，崇尚自由，张扬自我。以运动鞋为例，现在运动鞋的款式样式繁多、五花八门，这是因为运动鞋的运动功能发生了改变，时尚功能在抢占先机。例如，国产品牌鸿星尔克走上追求时尚之路。2020年4月，鸿星尔克抓住滑板进入奥运会的契机，携手中国轮滑协会，直接官宣成为官方战略合作伙伴，计划从行业高度到文化圈层多维度运营，给品牌和产品真正赋予了滑板文化的底蕴；同期，更是联合新浪体育，赞助2021年中国滑板精英赛，落地贯彻品牌的体育精神，以群众之所需为品牌之所行。不同消费群体的观念变迁推动了运动鞋品牌设计的技术革命。总的来说，休闲体育产品设计是一项具有时代特色的文化活动，涉及运动生活的方方面面。

第二节　休闲体育产品设计的创想阶段

一、市场调研

市场调研是指运用科学的方法，有针对性地收集产品的相关资料和信息，并对所收集的内容进行归纳整理和分析，借以判断产品的供求关系和发展趋势，从而为企业制定正确的产品策略和营销策略提供依据的活动。市场调研是一种企业信息管理行为，是企业管理不可或缺的组成部分。对于休闲体育产品设计来说，合理有效的市场调研能够为企业的产品策略提供强有力的信息支持，避免因决策失误导致休闲体育产品的市场营销出现问题。

（一）市场调研的三个递进过程

简单来说，市场调研活动主要分为三个递进的过程：①收集资料，获取第一手的市场信息；②分析资料，发掘市场现状的成因和相关影响因素；③预测趋势，洞察并测评市场可能出现的变化趋势并指导公司未来产品决策。

（二）市场调研的作用

重视市场调研并正确运用调研结果是一个企业进行正确决策的关键因素，市场调研的作用主要体现在以下几个方面。

（1）通过市场调研，企业可以了解目前市场上同类产品的设计品质，掌握产品的市场定位和目标人群，明确产品的价格定位区间，了解同类公司的销售策略。只有通过细致的市场调研才能摸清产品销售所面临的具体环境，并指导公司制定有效的产品策略和营销策略，从而避免一些可能出现的失误。对于休闲体育产品设计来说，一个好的前期市场调研能够为产品的具体设计提供切实的参考。例如，安踏转战儿童市场创造安踏儿童（Anta kid）产品时，不但分析了市场上同类产品的设计特点，还就具体年龄段的儿童运动项目进行细致分析，以此确定产品的目标人群，甚至调研了儿童家长对产品的态度和购买习惯。通过分析，设计师就可以确定产品的设计方向，如设置带有帮助儿童生长发育的支撑型材质，保护儿童脚踝的高帮设计，以及因为鞋带带给儿童的不便而设计的彩色魔术贴；产品色彩鲜艳，符合儿童的审美特点和色彩心理习惯，定价在百元以内既能保证产品的质量又在家长的购买心理许可范围之内等。

（2）通过市场调研，结合社会经济文化的发展趋势，设计师还可以了解市场的可能变化走向和消费者的潜在需求，从而为公司开辟新的市场提供理论支持。市场的情况瞬息万变，专业的市场调研能够为产品市场把脉，因为对于一个企业而言，跟上市场变化节奏并适时地调整产品策略是企业成功的关键因素之一。

（3）市场调研有助于了解当前行业内的最新技术。技术进步是产品发展的核心力量，也是休闲体育产品设计的重要参考信息，一个没有核心技术的企业是没有发展潜力的。由于技术进步的日新月异，只有不断跟踪市场的发展动态和相关的科学技术的发展，才能不断提高企业的核心竞争力，保证产品能够及时更新换代，为企业发展提供持续的动力。

二、产品定位

休闲体育产品最终要流入市场，到达消费者甚至运动员手中，让他们使用。所以设计师在设计休闲体育产品时就要把市场的需求和消费者的需求作为设计前期的重点研究内容，这样才能使产品受到潜在市场和未来消费者的接受和欢迎。这些都是产品定位的内容，是在正式进入设计程序之前应解决的关键问题，也是之前调研结果的重要应用之一。

（一）影响产品定位的因素

影响产品定位的因素有很多，不同的产品、不同的市场环境以及不同的公司战略都会对产品的定位产生决定性的影响。下面就其中对产品定位影响比较大的因素进行详细的阐述。

1．市场环境

产品的市场环境不仅包括产品所面临的目标市场，还应该包括产品竞争者在市场中的具体情况。只有熟悉目标市场对产品的具体要求，了解市场对产品的核心需求，才能设计出符合市场环境的成熟产品；而随着市场经济的发展，同类产品之间的竞争日趋激烈，同质化程度越来越高，怎样在激烈的市场竞争中立于不败之地是每一个企业都要面对的问题。产品定位就是要将企业自身所特有的优势融入产品设计和品牌策略，创造出不同于竞争对手而又为市场所认可的个性化产品。这是赢得市场竞争的关键。

2．企业形象

企业形象是由企业的产品、服务、理念、文化、识别系统等构成的综合印象。企业形象的建立分为两个层面：第一层面体现于企业被社会所知晓的程度，即它的知名度。企业的知名度可以通过各种途径，如广告、社区活动、实效 VI 等来提升。第二层面体现于社会和消费者对企业的认同程度，即企业的美誉度。企业的美誉度建立在其知名度上，但若想获得持久的美誉度并非易事，企业需要提供消费者足可信赖的产品和良好的服务甚至社会公益形象。产品定位要和企业形象统一，两者是互为补充、相辅相成的关系。好的产品能够强化公众对企业形象和品牌价值的认同感，而良好的企业形象也会为产品的设计和营销定下基调，具体产品的定位要和企业的整体形象相协调。

3．目标人群

一个企业若想在激烈的市场竞争中拥有一席之地，就要打造企业的核心竞争力，而核心竞争力的形成是与市场细分以及以此为基础制定的产品定位分不开的。由此可见，目标人群的确定和产品定位是有因果关系的，产品定位受到目标人群需求的限制。企业锁定目标人群，应该与企业的总体定位相关联，需要寻找与企业能够输出的服务有更多需求交集的目标消费群体，这个群体还要能够帮助公司达到预期的利益目标。当然，企业确定消费群体要进行大量的调研，对消费者年龄、喜好、收入、地域等诸多因素进行综合考量，从而筛选出符合企业战略目标和利益需求的目标人群。目标人群确定之后，产品就要立足于能够满足目标人群的需求和企业的战略目标要求这两个方面进行定位。因为产品是联系企业和消费群体的纽带，好的产品既能赢得消费者的认可，从而激发他们持续的消费热情，又能为企业谋得利益和好的口碑。

4．生产能力和生产条件

在现实生活中，企业的生产能力和生产条件也是制约产品定位的要素之一，这涉及产品成本控制、企业技术能力等多方面。一个好的产品设计要立足于现实条件，依托企业实际和具体的生产环境进行设计定位。对于这一点，每一个设计师都有切身的体会：很多设计方案没有投入生产不是因为设计概念不好，而是受制于产品的成本核算和企业的生产制造能力。当然，这也和企业的整体战略息息相关。华为公司能够不计成本，用尽办法将其产品最大限度地标准化和优质化，正是源于华为公司不断追求完美的产品理念和它不断变革用创新去关注与更新用户体验的精神实质。但更多公司，尤其是中小型公司不得不在成本和产品质量之间艰难选择。所以，更多的时候，在两者之间寻找一个平衡点才是行之有效的方法。产品定位受生产条件所限制的例子并不少见，此时更需要设计决策者综合考虑企业所面临的问题和所设定的目标，做出正确的选择。

（二）休闲体育产品定位注意事项

产品定位是根据竞争者现有产品在细分市场上所处的地位和顾客对产品某种属性的重视程度，塑造出本企业产品与众不同的鲜明个性或形象并传递给目标顾客，使该产品在细分市场上占有强有力的竞争位置。所以，企业经营者在对休闲体育产品进行定位时必须注意如下两点。

1．企业经营者必须十分明确新推出的休闲体育产品的定位

休闲体育产品定位同样以市场细分和目标市场选择为基础，无论是休闲体育用品定位还是休闲体育服务产品定位，都要考虑企业自身的实力和拥有的资源，同时要考虑到其他影响因素。在设计与开发休闲体育产品时，市场永远是第一位的，休闲体育产品精准定位的目的在于期待产品投放市场后具有良好的销路，受到市场和消费者的追捧。

2．能让顾客感受到新推出的休闲体育产品与众不同

产品定位是顾客对本企业的产品与竞争者的产品相对而言的一种认识，即本企业的产品在顾客心目中的地位，也就是说，要给产品在有可能成为顾客的人的心目中确定一个适当的位置。定位可能导致产品名称、价格和包装的改变，但是这些外表变化的目的是保证产品在有可能成为顾客的人的心目中留下值得购买的印象。

三、行之有效的创新思维方法

创新是设计的核心和灵魂，没有创新精神的设计不是合格的设计。创新并非无迹可寻，我们可以总结出一整套的创新思维方法。作为一名设计工作者，只有掌握行之有效的创新思维方法，才能在工作中游刃有余，自觉控制创新的过程，而不是单纯地依赖转瞬即逝的直觉和灵感。

（一）联想法

从哲学上来说，任何事物都不是孤立的，而是相互联系的。我们所生存的世界是一个相互联系的整体，正因为如此，我们可以在两个本不相关的事物间建立创意上的联系。在人类的创新思维方法中，联想思维是一种基本的思维形式和方法。这种思维往往基于形象思维的方式，是指人们在头脑中通过某种媒介从一种事物联想到另一种事物的思维形式。而能够产生联系的两个事物之间必然存在着共同的特点或者共同的规律，正是这个共同的特点或规律成为我们进行联想的媒介和桥梁。

当进行创意构思的时候，能否找到并掌握可以引发联想的媒介，是创意活动能否进行下去的关键所在。所以联想是一种带有逻辑思维特点的思维方式，而不单单是靠直觉就可以实现的。在联想的过程中，只有借助个人的生活经历作为联想的源头，同时辅以丰富的想象力，才能完成这一思维的运动过程，即由记忆的影像到想象，由想象到另一个具有逻辑性的感性形象。现代运用较广泛的联想法有近似联想法、因果联想法、对比联想法等。

（二）信息列举法

信息列举法是通过将产品的属性、设计目的、设计缺陷等信息罗列出来，然后分析总结，寻找创意设计出发点的方法。若想使用这种方法，设计师就要对产品的信息非常熟悉，以对设计产品进行全面分析。

（三）属性列举法

属性列举法是美国的克劳福德教授于1954年提出的一种创新思维方法。这种方法旨在引导设计师在进行创意的过程中列举出事物的相关属性，然后通过观察和分析针对每一项属性进行改良和设想。这种方法非常适用于产品的改良设计。

结合表2-1分析，可以找到若干条对休闲体育产品进行改良设计的方法和途径。以名词属性为例，可以就产品的材料、科技进行改良，如把皮革材质改成橡胶材质；改变产品的名词属性，同时影响的就是产品的形容词属性的体现，会给人以温馨、自然的感觉。更进一步说，改变产品的每个属性，随之而来的就是功能的变化，本来属于休闲类型的体育产品在材料改变后，可能直接促成功能的转变。

表2-1　属性列表

名词属性	科技	Zoom Air、Torsion System、SLAT、SHOX、PTPP
	材料	皮革、合成革、纺织物、橡胶和塑料
	工艺	胶粘工艺、热硫化工艺、注塑工艺、模压工艺、缝制工艺
形容词属性	造型	科技感的、文化性的、艺术感的
	色彩	温暖的、鲜艳的、柔和的
	使用状态	可调节的、可视结构的、多功能的
动词属性	功能	爬山、跑步、健身、休闲
	交互方式	按压开关、智能芯片

总而言之，属性列举法是一种较为全面细致的创意方法，设计师可以基于这些属性有针对性地对产品的局部进行改良设计。正所谓"牵一发而动全身"，每一个产品属性之间都是相关联的，所以这种改变也是一种综合系统的改变，是伴随着每个属性的协调变化。

（四）缺点列举法

缺点列举法就是凡属于产品缺点均可以一一列出，越全面越好，然后从中选出亟待解决、最容易解决、最有实际解决意义的或是最有经济价值的内容，作为创新的主体。例如，结构不合理、材料选择不当、产品安全性差、易损坏、不美观、造价不合理等，或者在整体的产品生产工业过程中发现缺点，或者企业的经营和管理上出现缺点。

缺点列举法的实施主要包括以下两个阶段。

1．发现问题阶段

在缺点列举之前，需要确定设计的主题。确定主题后，就需要对产品的现有方案进行分析评议，通过各种途径搜集现有产品的现状、解决方案以及预期的成果等，包括产品的使用状态、需求人群的具体分布、市场分布情况，目标群体对产品的评价，以及是否与现有的目标群体的消费观相协调。这个阶段，一般以会议的形式进行，仿照头脑风暴法的会议组织形式，发动所有与会者对产品进行问题分析。因为每个与会者的角度和思路不同，所以会提供更多不同的切入点。当然，与会者的人数也要有所限制，一般以 10 人为佳，1 人为会议记录者。

2．分析解决问题阶段

发现问题后，下一步就是分析探讨解决问题的方法。当然，在探讨解决问题之前，会议组织者应该就第一阶段的问题进行总结，归纳出最有创新价值的点，然后有针对性地进行分析，如：造成产品缺点的原因是什么？这些原因有可能是技术的原因、设计的原因、消费者使用习惯的原因、市场策略的原因、结构实现的原因、成本控制的原因等；然后通过综合的分析和讨论得到解决的办法，这个过程才算完成。

缺点列举法是一种非常快捷和行之有效的创新设计方法，因为任何产品都有缺点，即使表现近乎完美的产品，也不能保证永远正确、永远赢得消费者的心。因为产品设计是有一定时效性的，现阶段的产品技术特点和功能需求，只能代表现阶段消费者对产品的认知和要求。随着社会经济的发展和科学技术的进步，人们会提出新的需求，设计师也会利用更先进、更多样的方式去实现产品特定的功能。

（五）仿生设计法

仿生设计法从某种程度上来说就是仿生学的一种延伸和发展，体现了"天人合一"的中国传统的生存价值思想。科学家的一些仿生学的研究成果，通过设计师的再创造，进入人们的生活，不断满足人们物质上和精神上的追求，体现自然与人类、设计与科学、融合与创新之间的融会贯通。科学家和设计师总能从自然界获得灵感和智慧。

设计大师科拉尼曾说过："设计的基础应来自诞生于大自然的生命所呈现的真理之中。"仿生设计法就是努力探究自然生物背后的特征原理，然后对其加以具体的设计与应用。在现代的休闲体育产品设计上，也经常看到仿生学的设计典范。休闲体育产品的仿生设计，是选择性地应用自然界万事万物的"形""色""功能""结构"等原理，同时结合仿生学的研究成果，为设计提供新课题、新原理和解决问题的途径。仿生设计法具体可以分为功能仿生设计、形态仿生设计、结构仿生设计。

1. 功能仿生设计

功能仿生设计主要通过研究自然生物客观存在的功能原理，从中得到启示，并用这些原理去改进现有的产品或者促进新的产品设计。而这样的设计灵感，都是从对周围的事物、生物的结构、物体的功能留意观察中产生的。据说瑞士的一位狩猎者每次打猎归来都会发现粘在自己的裤子和狗身上的一种带刺的东西，他回家用放大镜观察，发现原来是苍耳子（图2-2），上面全是倒钩的小刺，其刺像钩子一样，用力才可以拉下来，再粘上又勾住了。这位猎人心想：是否可以利用这种功能特性来开发一种新产品呢？经过反复研究，他利用当时的材料和技术系统，终于成功研究出了一种可以自由分离粘接的风靡世界的尼龙"魔带"，创造了另一种新的粘接方式。接着，一系列方便使用的新产品也相继问世，并同拉链攀上了"姐妹关系"，后广泛运用于服装、鞋（图2-3）、玩具以及其他产品上。

图2-2　苍耳子

图2-3　采用尼龙"魔带"的鞋

2. 形态仿生设计

形态仿生设计是在对包括动物、植物、微生物、人类所具有的典型外部形态的认知基础上，寻求对产品形态的突破和创新，强调生物外部形态美感特征与人类审美需求的表现。自然形态的仿生设计可分为具体形态的仿生设计和抽象形态的仿生设计。

图2-4是根据鱼的背鳍设计的一款垂直游泳教学辅助工具。背鳍可以使鱼保持鱼体侧立，对鱼体平衡起着关键作用。飞鱼背鳍造型运用仿生学自动平衡性能，入

水后可自动调节平衡，使人不会因头重脚轻而失衡，产生侧翻的现象，确保初学者的安全，并且多色可选，是学游泳器材里的颜值担当。同时，飞鱼背鳍造型的有趣性能引起孩子对游泳的喜爱，让学习游泳不再是个艰难的任务，孩子爱玩的天性也会被最大限度地调动起来，从而提高游泳学习的积极性。

图 2-4　飞鱼背鳍造型

3. 结构仿生设计

经过了亿万年的进化与演变，存在于世间的每一种自然生物都拥有自身巧妙而实用的、合理的、完整的形态和独特的结构。结构仿生设计主要研究的是物体和自然生物的内部结构原理在设计中的应用问题，通过对自然生物由内而外的结构特征的认知，结合不同产品概念与设计目的进行设计创新，使人工产品具有自然生物的意义与美感特征。

（六）头脑风暴设计法

头脑风暴设计法是一种利用组织、集体产生大量创新想法、思维、思考、主意的方法，强调激发设计组全体人员的智慧。在产品设计中采用这种方法时，通常是举办一场特殊的小型会议，使与会人员围绕产品的外观、功能、结构等问题展开讨论。与会人员相互启发、鼓励、补充、取长补短，激发创造性构想的连锁反应，从而产生众多的设计创意方案。在这个阶段的讨论过程中，无须过分强调技术标准等问题，应着眼于产品创意本身。理想的结果是罗列出所有可能的解决方案。这种通过集体智慧得到的思维结果相比于个人而言更加广泛而深刻。

头脑风暴是于20世纪40年代被誉为"创造工程之父"的奥斯本提出的。当时它是作为一种开发创造力的技法被正式提出的（图2-5），原指精神病患者头脑中短时间出现思维紊乱、产生大量创造性设想的状况。奥斯本借用这个概念来比喻思维高度活跃、打破常规的思维方式而产生大量创造性设想的状况。后来英国"英特尔未来教育培训"将其作为一种教学方法提出，试图通过聚集成员自发提出观点，产生一个新观点，进而使成员之间能够相互帮助，进行合作式学习，并且在学习过程中取长补短、集思广益、共同进步。

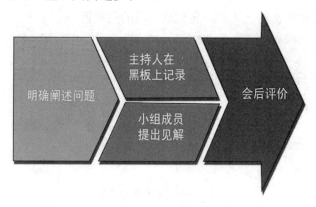

图2-5 头脑风暴设计法

运用头脑风暴设计法进行创意讨论时，常用的手段有两种：一是递进法，即先提出一个大致的想法，所有成员在此基础上进行引申、次序调整、换元、同类反向思考，逐步深入。二是跳跃法，即不受任何限制、随意构想，引发新想法，这种方法使思维多样化、跨度大。在创意过程中，设计组的每个成员都要积极思考，充分表现出专业技能和个性化的思维能力，进而在较短的时间内产生大量的、有创造性的、有水准的创意。

在产品概念设计过程中，头脑风暴设计法发挥了重要的作用。它集思广益的特性可在短时间内迅速产生大量设计创意构想，并通过对各种可行构想进行分析归纳，再由设计师通过综合思考得出结论，产生最终设计方案。

（七）替代设计法

替代设计法就是尝试使用其他解决方法或者构思途径，带入该项设计的工作过程，以借助和模仿的形式解决问题。如何进行替换？有没有其他东西能够代替？由此延伸，人们成功地用塑料代替了金属、玻璃，用太阳能代替了电能。以前能源是石油、天然气，后来有了太阳能、电能（水力发电）。汽车的动能原来是汽油，现在有新能源汽车（电动汽车、氢能汽车、太阳能汽车、混合型汽车等）。当然这仅仅是一小部分，完全的替代还需要更大的发展。替代设计法具体可以分为技术替代、材料替代以及工作原理替代。

1．技术替代

替代设计发展的一个重要前提条件便是新技术，新技术的出现会给设计界甚至整个社会带来不小的变化。特别是休闲体育产品设计，只需要一个技术的改变，产品的使用领域和功能可能就完全不同了。

2020 年李宁公司推出以驭帅 13 为代表的实战篮球鞋，同年李宁公司又与杭州马拉松合作，借势推出"绝影"跑鞋，仍主打高科技。新款专业马拉松跑鞋"绝影"系列无论是鞋型、配色，还是专业度，都收获了众多跑友好评，在主打专业跑鞋的前提下展现了国货的科技实力。

2．材料替代

材料替代是产品设计研发过程中一种常见的方法，也是应用最为广泛的一种方法。尤其是在产品的外观设计中，尝试应用不同的材料，赋予产品截然不同的外在品质，往往会收到意想不到的效果。新材料的巧妙运用，不仅不会提高产品的相对成本，反而会大幅度提高品牌价值，提高企业的经济效益。如今，越来越多的企业开始注重产品外观的改进，同时致力于新材料的开发以及应用，如纳米材料已被社会关注，其研究也备受瞩目，这样的新材料已经广泛地运用在球鞋领域以及健身服装中。图 2-6 是纳米科技运用在紧身衣中的结构图。一旦其形成产业化，必将给人们的生活带来革命性的变化，也将推动整个社会的进一步发展。

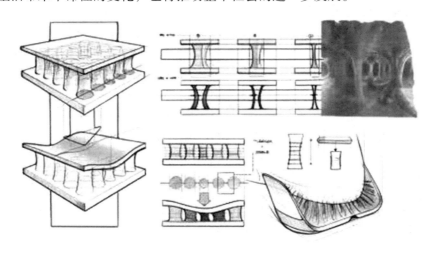

图 2-6　纳米科技运用在紧身衣中的结构图

3. 工作原理替代

如今，人类社会已经进入了高度发达的数字化时代，许多产品的工作原理和工作方法可以用数字化方式实现，从而提高了产品的功能、质量和精确程度。人们用这种方法发明了很多物美价廉的产品，电子手表便是这一数字化设计的体现。机械表曾经在人们的计时工具中占据主导地位，但因其表芯的结构非常复杂，需要熟练的技术和先进的加工工艺，而且机械表的误差较大，维修也不方便，价格高昂，因此当电子表投入市场后便得到了广泛的关注，因为它不仅轻便、走时准确，而且价格相对于机械表来说也便宜不少。随着社会的不断发展、科学理念的不断传达，现在电子表的功能已经涵盖了智能手机的功能。

（八）逆向思维设计法

逆向思维设计法是指为实现某一创新或解决某一因常规思路难以解决的问题而采取反向思维，寻求解决问题的方法。后天锻炼可以提高逆向思维能力。逆向思维设计法不是一种培训或者自我培训的技法，而是一种思维方法或发明方法，要挖掘人才能力，必须了解这一方法。

习惯性思维，往往束缚着人们的思路，是人们创造活动的障碍。如果人们能突破这种习惯的束缚，用挑剔的眼光多问几个为什么，甚至把问题颠倒，反向探求、倒转思维，可能又会出现一个新天地，从而有所发现或者创造。逆向思维设计法具体可以分为三类：反转型逆向思维法、转换型逆向思维法、缺点逆向思维法。

1. 反转型逆向思维法

反转型逆向思维法是指从已知事物的相反方向进行思考，产生发明构思的方法。它常常是指从事物的功能、结构、因果关系三个方面进行反向思维。

室内楼梯机（图2-7）就是反转型逆向思维的产物，它模仿跑步机的结构原理，将跑步机"竖"起来，创造出一种新的健身设备。室内楼梯机是美国波士顿一家健身器材公司发明的，起名Laddermill Ascender。其工作原理就是让横杠做循环移动，相当于把跑步机"竖"起来，这样，锻炼者就能一直往上爬；每个楼梯间的距离是30厘米，旁边的操纵杆可以随时调节速度，还可以调节楼梯倾斜的角度以训练不同的肌肉群；屏幕可以显示锻炼者的锻炼时间和消耗的热量。

图2-7 室内楼梯机

2．转换型逆向思维法

转换型逆向思维法是指在研究问题时，由于解决问题的手段受阻，而转换成另一种手段，或者转换成另一种角度进行思考，以使问题顺利解决的思维方法。

3．缺点逆向思维法

缺点逆向思维法是一种利用事物的缺点，将缺点变为可利用的东西，化被动为主动，化不利为有利的思维方法。这种思维方法并不以克服事物的缺点为目的，而是将缺点化弊为利，以找到解决问题的方法。

采用逆向思维设计法必须深刻认识事物的本质，所谓逆向不是简单的表面逆向，不是"别人说东，我偏说西"，是真正地从逆向中寻求独到的、科学的、令人耳目一新的超出正向效果的成果；正向和逆向本身就是对立统一、不可分割的，因此，以正向思维为参考、为坐标进行分辨，坚持思维方法的辩证统一，才能显示其突破性。

四、产品设计中识别产品机会的 SET（社会－经济－技术）系列因素

美国学者乔纳森·卡根（Jonathan Cagan）和克雷格·沃格尔（Craig Vogel）在《创造突破性产品——从产品策略到项目定案的创新》中将识别产品的机遇划分为 SET（社会－经济－技术）系列因素，分别以社会、经济和技术三个方面作为切入点来研究产品的机会和有效性。

（1）社会因素指文化和社会生活中相互作用的各种因素。对于消费类产品而言，其社会因素方面包括健康因素、运动和娱乐、与体育运动相关的各种活动等。

（2）经济因素主要指用户觉得自己拥有或者希望拥有的购买力水平。消费类产品在该方面主要体现在可自由支配收入的增加。

（3）技术因素主要指先进技术的应用以及对现有技术的重新评价。在该方面消费类产品主要体现在新兴电子技术的应用、环保新材料的研发以及产品与用户交互模式的设计上。

由此可见，针对消费类产品界面设计的 SET 系列因素分析是其机会突破口的重要依据，而界面设计流程也必须始终在 SET 系列因素基础之上展开。

五、思想家用过的 13 种思维工具

美国教授鲁特－伯恩斯坦认为，伟大的思想家使用过 13 种思维工具，使用这些工具可以使人成为天才。

（1）观察：通过观察磨炼所有的器官，从而使思维变得敏锐。

（2）想象：使用某些或全部感官在心里创造各种形象。

（3）抽象：观看或思考某种复杂事物，去粗取精、化简为繁，把唯一本质的东西找出来。

（4）模式认知：观察和研究不同的事物，找出它们在结构上或性能上的相似之处。

（5）模式形成：找到或创立新方法，将事务清理出头绪，纳入规范。

（6）类比：虽然两个事物迥然不同，但可以从功能上找到相同点。

（7）躯体思维：使用肌肉、肠胃的感觉以及各种感情状态。

（8）感情投入：将自己设想为自己所研究、绘画或写作的对象，与之合而为一。

（9）层次思维：能把情绪变成不同的层次，就像把素描改成雕塑一样。

（10）模型化：能将复杂的事物简化成一个模型。

（11）游戏中的创造力：能从毫无目的的游戏活动中演化出技术、知识和本能。

（12）转化：使用新获得的思维技巧，形成新发明的基本构图，然后制出模型。

（13）综合：使用各种帮助思维的工具得出结果便是综合，能用各种不同的方式对事物进行思考。

第三节　休闲体育产品设计的一般流程

休闲体育产品设计主要可以分为产品的规划、方案的设计、详细方案的制定以及产品设计的改进四个阶段，下面主要阐述每个阶段的产品设计内容。

一、产品的规划

在休闲体育产品的规划时期，最主要的任务就是设计目标的明确、设计思想的规划以及可行性分析等，其中设计目标主要包括需求分析和市场的预测。之后对设计参数和制约条件进行确定，制定出非常详细的设计规划书，并且将其作为产品设计、评估以及决策阶段的根本依据。其实，产品的研发和设计是在需求的基础上进行的，一名优秀的设计人员一定要具备较强的预知能力，能够在激烈的市场竞争中对社会的需求进行分析和明确，在公布市场需求之前开展产品的研发和设计工作。其中需求主要包含两种：一种是显性需求，就是人们都了解的需求；另一种是隐性需求，就是人们还没有深刻意识到但是却真正存在的需求。产品设计人员不仅要不断提高人们所需要的产品的质量，还要不断开发能够满足人们隐性需求的产品，从而促进社会的发展。

对于产品设计中存在的一些问题，可以通过对社会、经济以及技术等方面的条件进行分析，并对设计研发的可行性进行研究，从而提出产品设计研发的可行性报告。该报告的内容主要包括以下几点：第一，产品设计研发必要性以及市场需求的预测；第二，对产品国内外发展水平和趋势的研究；第三，计划的最高目标和最低目标（包含社会经济效益、技术、经济以及设计水平等）；第四，设计和工艺方面需要进行处理的主要问题；第五，在当前条件下产品设计研发的可行性阐述以及准备采用的相应措施；第六，对投资成本以及设计期限的预测。

二、方案的设计

市场需求的满足和适应都是在产品功能的基础上实现的，而产品功能和产品设计之间存在着非常密切的联系，两者既有联系，又存在一定的区别，如能够体现同一功能的休闲体育产品是多种多样的。所以，产品方案的设计就是为了对产品功能进行详细的分析，经过构思的创新以及改进，得出比较有效的功能原理方案。产品功能原理方案的设计对产品的性能起着非常重要的作用，直接关系着产品的水平以及产品在市场中的竞争能力，所以一定要对其加以重视。另外，方案的设计就是要对产品功能进行详细的分析，对功能原理进行审核和求解，从而得出最有效的功能原理方案。因此完成方案的设计，就是为进一步的详细设计奠定基础。

三、详细方案的制定

要想实现产品功能原理方案的具体化，一定要进行详细方案的制定，这是休闲体育产品设计中非常重要的一部分。所以，必须重视产品的总体设计、零部件设计以及生产图纸设计等，合理编制设计说明书等方面的相关文件。在这个阶段，零部件的结构、交联关系、尺寸以及总体布局等都直接关系着产品的技术性能以及经济效益，因此，设计人员在制定详细方案时，一定要注意以下几方面内容：①各部件要在产品设计功能的需求基础上进行设计；②要充分考虑功能的合理分配；③满足加工制造需求以及最低成本；④尽可能保证常用零部件的标准化、通用化；⑤总体设计要充分满足人机工程、包装以及运输等方面的需求；⑥详细设计方案制定步骤为自上向下，从总体设计到部件设计；⑦进行技术文件（如外购件和标准件的明细表、设计说明书以及备件的明细表等）的编制。

四、产品设计的改进

对于设计研发完成的休闲体育产品，要对其进行试验、使用以及审核，如果发现问题要进行进一步的改进和优化，不断完善相应的技术和性能，以保障产品的质量，这是产品设计改进阶段非常重要的内容，也是产品设计中不可缺少的一部分，是不容分割的。经过这一阶段的工作，不管是产品的安全性、可靠性还是经济性都有所提升，而且赋予了产品更强的生命力，所以，一定要重视产品设计的改进阶段，确保产品设计工作顺利完成。

第四节　休闲体育产品设计的执行过程

在创想阶段后，我们具备了初步的创意能力，但设计不能只停留在创意这个阶段。接下来，更为关键的步骤是对设计的想法进行加工，即设计的执行阶段。这个过程要遵循一定的程序与方法，要分步骤、有条理地进行。从内容上来说，休闲体育产品设计的执行过程可以分为产品表现、产品造型设计、产品平面设计、产品人性化设计等多个环节。

一、产品表现

产品表现是一名合格的设计师必备的能力，是设计师赖以表达产品概念和结构功能的专业语言。好的设计表现自己会说话，无须设计师用大量的语言和肢体动作去解释。

很多设计师喜欢直接将创新概念渲染成效果图，发给客户来确认，其实在设计过程中的反复沟通才会更好地节省时间，做出对的设计。通过手绘、素描以及想法沟通，有了对的方向再表现在三维软件中，可以直观地在图片上进行比较，从而做出最佳选择。

设计师可使用的三维设计软件很多，目前大家欠缺的是在设计过程中的细节处理。设计师在设计之初就应该将尺寸锁定在合理的范围之内，甚至是细节的倒角都要控制好。设计师要考虑制造工艺中的限制要求，如怎样的拔模角度，怎样的边角厚度、材料厚度，都要在开始建模的时候细致地设定好，方案确立之后，就可以立即打印成型。如今的 3D 打印技术已经很成熟，很多设计工作室或企业的设计团队已经可以将电脑里的模型打印成真实样品，这一变革已经有效地提高了产品开发的效率。人们熟识的快速成型时代已经到来，很多终端企业研发团队已经配备了软件和硬件的设备。

利用平面软件和三维软件，从概念成型细化到产品图纸，设计师在实验室就可以用模切机将各种尺寸的材料割样出来。数码打样机可打印出相应的文案设计，3D 打印机可将产品模型快速打印出来，将不同材料的组件组装到一起，基本上一天时间就可以把概念设计拿到市场部，快速有效地讨论下一步的修改方向。接下来就到了消费者测试与调研的关键阶段（设计师的设计图纸或者快速成型的组装样品，在上市之前是需要进行批量消费者调研的）。在这轮调研中，设计团队需要提供无限接近最终市场产品的模型和图纸来进行问卷调查，结合所有的调研反馈，将设计的细节再次打磨，为最终效果的完美呈现奠定基础。

（一）产品手绘草图

产品手绘草图（图 2 – 8 至图 2 – 11）是设计师最常用的表现手段，也是设计师在创作初期主要的表达方式，为此，设计师必须掌握基本的美术技能，具有高超的审美能力和创新能力。手绘草图多以快速表现为主，用来记录设计师的想法、展示产品设计的推敲过程以及对产品细节的刻画等。草图绘制的过程中包含着设计师对设计思考的过程，所以不要为画草图而去作图，要深刻理解草图绘制在整个产品设计过程中的重要作用。有些设计初学者在绘制草图的时候往往过于追求流畅的线条和绚丽的表达效果，忽视了草图绘制过程中应该存在的设计思考过程，流于形式的同时也使草图失去了实际意义。

图2-8　产品手绘草图（1）

当然，拥有优秀的手绘表达能力是每个设计师所应该追求的，优秀的表达更有利于设计师与人进行设计方案的沟通，也有利于设计时获得更多被认可的机会。但优秀的表达不能以损失设计的本质目的为代价，那样就会本末倒置，最终得不偿失。基于这种目的，加上并不是每一个设计师都具备出色的手绘表达天赋，手绘草图的表现只需要达到一个基本的水平，即可以表达清楚产品的造型特征和基本的结构特征，能做到无障碍地与人进行设计上的沟通，而无须刻意追求华丽的效果和飘逸的线条。

图2-9　产品手绘草图（2）

图2-10　产品手绘草图（3）

图 2-11　产品手绘草图（4）

（二）产品效果图

效果图一词本身从字面上来理解是通过图片等媒介来表达作品所需要以及预期收到的效果。效果图是一个广义词，它包罗万象，不过其所应用最多的领域大致可以分为产品设计方案效果图、建筑效果图、城市规划效果图、景观环境效果图、建筑室内效果图、机械加工效果图等，可见这个简单的三字词覆盖面之广。产品设计方案效果图（图 2-12）主要采用手绘或用 photoshop 软件等绘制。

图 2-12　产品设计方案效果图

现在已经有通过计算机三维仿真软件技术来模拟真实环境的高仿真虚拟图片。从建筑、工业等细分行业来看，效果图的主要功能是将平面的图纸三维化、仿真化，通过高仿真的制作来检查设计方案的细微瑕疵或进行项目方案修改的推敲。

（三）用马克笔表现运动鞋手绘效果图教程

用马克笔表现运动鞋手绘效果图，首先用铅笔起稿，然后再用马克笔上色。其步骤如下。

第一，开始把线稿画好，线条轻松些，不要刻画得太死板，要有轻有重（图2-13）。

第二，用淡色马克笔把材质区分开来，两边记得留白，不要画得太死板（图2－14）。

 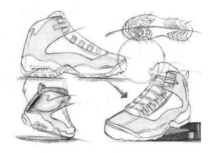

图2－13　画好线稿　　　　　　　　图2－14　用淡色马克笔区分材质

第三，同上步，主要是区分明暗和材质光影（图2－15）。

第四，用重点的颜色加深，让明暗关系更明显（图2－16）。

图2－15　区分明暗和材质光影　　　　图2－16　明确明暗关系

第五，进一步增加明暗对比，材质对比，让光影效果更明显。最后增加些细节和高光（图2－17）。最终效果及使用的工具如图2－18所示。

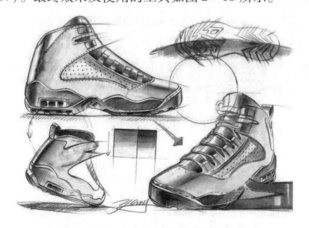

图2－17　突出光影效果并增加细节

图 2 - 18 　最终效果及使用的工具

（四）处理运动鞋效果图

将鞋根据不同的材质和部位进行分解。分清主要部件的前后关系，有助于之后的阴影和前后关系的建立。分层图见图 2 - 19。

图 2 - 19 　分层图

第一，画好鞋的轮廓：通过之前的分解，按照不同的部位和颜色用钢笔工具勾勒出鞋的轮廓（图 2 - 20）。

图 2 - 20 　画出鞋的轮廓

第二，从局部开始：选择一个你最有信心的部分进行深化处理。从简单的开始也是建立信心的一个好的选择（以从鞋底开始为例）（图2-21）。

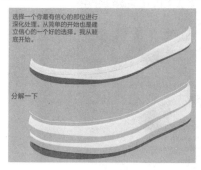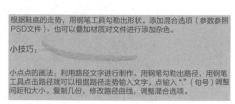

图2-21　从局部开始

第三，逐个攻破：看物体要将其拆分成无数个几何形体，圆柱形是最常见的。可利用剪贴蒙版和图层蒙版规划明暗的区域（图2-22）。

第四，呈现效果，加背景：添加背景的原则是尽量简单，以不影响主体为准，注意冷暖变化。如果主体为冷色调，背景尽量偏暖，否则反之。阴影要注意光源方向，可以添加两层，做模糊处理，近实远虚（图2-23）。

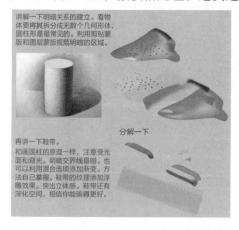

图2-22　逐个攻破　　　　　　　　**图2-23　呈现效果，加背景**

（五）休闲体育活动设计效果图

（1）幼儿园游戏空间效果图（图2-24）。

图 2 - 24　幼儿园游戏空间效果图

（2）健身活动广场效果图（图 2 - 25）。

图 2 - 25　健身活动广场效果图

二、产品造型设计

（一）对产品造型设计的认识

　　产品造型设计是产品设计的重要组成部分，也是产品中最能直观反映设计品质的部分。产品造型设计的风格和特点具有时代性和历史性，与所处时代的科技文化形态、人民的生活习惯等息息相关。产品造型设计的时代性主要取决于特定历史下的科学技术水平和文化审美。产品设计是一门涉及科学和艺术的边缘学科，是运用艺术表现手段塑造具有一定功能、结构和材料工艺的产品的过程。科学技术一直是产品设计的发展驱动力，这种驱动力具体体现在产品的功能实现、结构实现、工艺水平、材料运用、人机工程学运用等诸多方面。例如，在工业革命之前，产品的生产主要依赖于手工劳动，产品的造型和工艺表现具有明显的手工艺时期的特点。在那个时期，制造机器的出现及在生产中的大量运用，也使产品的生产由手工劳动转变为机械化生产，由此产生了标准化和大批量生产的概念，产品也形成了具有机器美学的设计风格。

总之，科学技术催生了具有不同功能的新产品，不断更新着产品的功能需求。社会文化的发展和进步引领着消费者的消费意识和审美情趣，引导着产品的精神需求。产品造型设计只是综合设计系统的一个部分，还涉及工程技术、价值工程、造型美学等方面。如何利用现有的技术生产条件，设计出符合用户精神需求的、具有时代特征的功能性产品，是现代设计的本质要求。

（二）休闲体育产品造型设计的美学法则

美是一种享受，它能够让人的精神感到愉悦，反映的是审美对象作用于审美主体的一种心理感受。美学是研究美的科学，是一个宽泛的领域，至今没有一个固定的概念。产品设计中的美学主要包括美产生的原因、本质和过程，它研究产品对人产生的心理影响以及人对客观事物的审美，并以此创造出符合人类审美观的造型设计的过程。

随着科技和经济的不断发展，新思潮不断涌现，只具备相应功能的单一化产品已经无法全面地满足人们的需要，设计者开始考虑到产品的艺术需求，想方设法改变设计思路，以满足消费者对美的要求。在现代，产品设计不仅仅是为了制造出提供功能的产品，而是已经深入到了设计者对生命的探索，对人与自然关系的探索，以及对人们使用体验的探索。这种探索是人们对感性的追求，表现出人们对高品质生活的渴望。随着需求层次的提高，人们对美的认识也发生了改变。因此，在产品设计中拓宽美学视野，继续深入研究产品设计美学的相关问题，成了设计行业的从业者亟须完成的任务。

产品美学只有达到内容与形式的统一、功能与造型的统一，才能给人以美的感受。产品设计的美学法则包括以下几个方面。

1. 造型的统一

造型的统一在产品造型设计中是非常重要的，它通过相同设计元素的反复运用，给人以稳定、确定的产品形象，还能给人们以视觉上的宁静感。造型元素的统一性广泛应用于同质产品的设计中，如手动工具设计，共同具有符合该类别产品的造型特点。这在设计上称为有共同的设计语义特点。统一性原则的运用可以使消费者在感官上对同类别的产品有一个直观感受，从而产生心理上的安定感和归属感。产品造型设计的统一性还可以运用到同一系列的产品设计中，如同系列跑鞋从初代到三代的特征和品牌价值的体现，都在设计师的整合下，通过不同的总结和提炼来塑造。当然，统一性原则在同一件产品的具体设计中更加重要，它是使产品造型具有条理性和一致性的重要手段。

2．造型的变化

如果说造型的统一是为了让产品给人以稳定感，那么造型的变化则是为了让产品更加鲜活、更加生动。只有统一而没有变化，造型就显得平淡无特色。所以在产品造型设计过程中，应在保证统一性的基础上，充分考量变化与统一的关系。休闲体育产品造型的变化可以从以下几个方面来体现。

（1）线型风格的变化。

在保证整体轮廓线型风格统一的基础上，适当在一些细节处理上与整体风格形成一种弱对比的关系，这样可以使造型富于变化，形成视觉上的层次感。线型的对比变化主要包括直线与曲线的对比、线型粗细的对比、线型长短的对比、线型虚实的对比等。

（2）材质的变化。

材质设计是休闲体育产品造型设计的重要组成部分，它为人们传递了一种视觉的体验，设计师可以通过产品材质的巧妙搭配为用户营造富有层次感的触觉感受。同时，不同材质间也会触发微妙的"化学"反应，使得设计更有利于表达主题或者含义。所以材质是一种会讲故事的媒介，一个富有表现力的产品应该通过材质之间的搭配，将其故事娓娓道来，并像密码一样储存到这个媒介中。这样，使用者用眼睛去感受这件产品时，就会把材质密码翻译成一个个生动的故事。

（3）色彩的变化。

在讲色彩的变化之前，先简要介绍有关色彩学的基本知识。色彩三要素是色相、明度、纯度。色相包括红、橙、黄、绿、蓝、紫六种颜色。明度是指色彩明暗的程度，色度学上称光度、深浅度。纯度是指色彩的鲜艳度或饱和度，也称彩度。色彩的属性有如下八种：冷与暖，轻与重，快与慢，进与退，胀与缩，软与硬。

色彩的变化可以发生在不同颜色之间，形成色相对比，也可以发生在同一种颜色之间，形成明度和纯度对比。无论什么形式的对比，都可以在色彩的观赏上形成冷暖、进退等对比关系。另外，采用主体色调不同的有一定对比效果的颜色，能够区分产品不同功能区，还可以起到画龙点睛的作用。色彩的设计既要与产品本身的功能特点相适应，也要充分考虑使用环境。

色彩的重要性在运动鞋的视觉设计当中尤为突出。人们在高速运动着的鞋上只能看到颜色，具体的文字、图形是很难看清楚的。放在货架上的运动鞋除款式以外，首先吸引消费者的往往是或阳光、或柔美、或童趣的颜色。

（三）休闲体育产品造型设计中图形的运用

图形也是传达视觉语言的重要元素，对于品牌运动鞋而言，其图形一般要结合其标志来延续设计。如今一些成熟的品牌运动鞋都在消费者头脑中形成了固定化的概念形态，如李宁、安踏的标识。久而久之，人们从运动鞋的图形上很容易分辨出各种品牌之间的差异。品牌形象就是品牌运动鞋的共性，在这个共性之下，每个品牌根据消费对象的年龄、地域文化和季节的不同，又有许多个性化的设计。例如，某品牌运动鞋的图形是根据八种不同动物的运动特征来设计定位的，有鸟的轻盈、狐猫的敏捷、蛇的快速反击和蝴蝶的斑斓等，每款鞋都有鲜明个性，个性的背后却又隐含着共性。

（四）休闲体育产品造型设计中文字的运用

文字在运动鞋的造型设计中起品牌识别和点缀装饰的作用，一般以品牌的标准字体为主体，配合标志来设计。有些文字的字体视觉形象在整体设计上稍弱于色彩和图形，这是因为在有限的鞋面上，不宜做复杂的编排设计，这与商品本身的特性有关。有的文字在鞋底上出现，与鞋底颜色相比，一般有色彩的区别，这既有品牌识别的作用，又具有防滑的作用，可谓一举两得。

（五）设计美学在休闲体育产品造型设计中的运用

爱美之心人皆有之。设计作为一种艺术性的造物活动，其本质是按照美的规律为人造物。虽然设计的最终目的与属性有许多方面，但就其成果而言，美与否是考查设计的优劣标准之一。美是抽象的，同时是可感的。怎样让美学评价在产品设计之中形成有一定参考价值的标准来指导我们的设计，是当下值得我们深思的重要问题。

设计美学，是把美学原理运用到设计领域中，探索设计的审美规律和美学问题，探讨如何使审美与艺术理论及现代设计紧密结合，并把美学原理应用于生产技术领域，最终在物质产品功能与形式上体现美学与技术的和谐统一。不同于以往将艺术形态作为美学的视觉落点，设计美学强调功能与形式的统一。设计美学是在现代设计理论和应用的基础之上，结合美学与艺术研究的传统理论发展起来的一门学科。

它的出现不仅是对设计领域的总结，而且是对现代设计的促进。目前，相对于国内设计力量薄弱的现状，我们极其需要通过倡导设计美学的力量来体现我们对文化内涵、环境、科技进步和人文关怀的关注，唯此才能使我们的产品在国内外具备持久的市场竞争力。

设计美是通过设计者的创造，将人的聪明才智在某种物质产品上充分体现而形成的一种价值。从根本上来说，设计美是一种创造性活动所产生的价值，这种价值是产品的物理属性与设计者的精神境界以及加工的工艺水平的完美统一。设计美主要体现在以下三个方面。

1．实用中包含着审美

艺术中的美主要取决于其中的创造水平，其形象之美具有很强的精神属性，与实用与否无关，但是在工业设计领域，产品之美不可能是纯精神的，还应该具有一定的实际效能，它能给人们带来具体的利益。设计的目的是丰富人们的生活，因此不管什么样的设计，从本质上来说，其最终目的都是为了人。这也是从设计师的角度来看问题。换一个角度，作为消费者，面对一件产品，不管是使用还是欣赏，都会形成一定感受并最终反映到内心世界，形成一定的心理活动。按照人机工程学的观点，人体的生理结构决定着人类感知外部事物的方式、方法和习惯，也决定着与之一致的审美价值观。也就是说，当人的生理机能成为衡量产品好坏的标准，并且贯穿于产品设计过程之中的时候，也决定了产品外在形式向人的靠拢，产生了人性化的特点。人机工程学的一些基本原理是实现这种设计的重要基础，依据这些原理设计出来的产品因为具有了浓郁的人性化特点而深受消费者的喜爱，并且很快渗透到各个领域的设计活动之中。

2．形式中包含着艺术

形式设计是设计美的重要组成部分，任何产品都要人通过感官去直接感知。设计美和其他形态美一样，具有特殊的形象性，令人具有强烈的视觉感受。作为一种制成品，休闲体育产品的美完全是由人制造出来的，在从无到有这一点上，设计师的工作与艺术家的工作并没有太大的差别，他们都可以给人们创造出美的产品。不同的是，艺术作品的美比较超脱，其形式可以给人们提供广泛的想象空间，唤起人们丰富的情感活动；设计产品的形式中则显现着功力，唤起的是人们的购买欲望。休闲体育产品的形态结构和造型的艺术水平如何，都直接影响着人们的购买欲望。于是，艺术的成分在今天的设计过程之中占据着举足轻重的地位。设计师除了与艺术家一样关心所设计产品的点、线、面、色在产品形式上的组成情况外，对均衡与对称、比例与尺度、节奏与韵律、多样与统一、反复与连续等形式美学规律倍加关注，同时更关心产品的材质、工艺、环境等方面，因为这些也是影响产品设计美学效果的重要因素。在满足功能需要的同时追求艺术美是必然的，一个在造型上贴近使用者审美心理的产品，往往能够在不经意间影响消费者的购买欲望和使用者的心情。设计不应该因循守旧或者根本不能鼓舞人心，相反它应该能为休闲体育产品领域带来创造性发展。评价一项设计，不能单单从功能、技术和市场来评价，还要看其是否能转换情感，唤起人们的记忆，与以往的设计相比较是否能透出一种反叛等。设计的感性能使我们感觉到独一无二的充满诗情画意的生活。

3．产品中的技术美

技术产品是人类精神活动的结晶，与纯粹的艺术产品不同，技术产品具有明确的功能属性，以实用性为前提。尽管技术美不像艺术美那样与人们的心境紧密相关，但其审美体验中的那些技术性知识，如工艺、程序、模式等，同样能够使人们感受到设计者的魅力，并给人们的生存发展带来深刻的影响，使人们在使用这些产品的过程之中产生赏心悦目的感觉。技术美与功能美不尽相同，但与功能美有着密切的关系。技术美的重点部分在于其内在的技术意义，通过与之相适应的外部形态得到充分的体现，使人们能比较直观地从外部形态看到内部技术所透露的美，最终使产品的功能能够通过鲜明的外部形态表现出来，达到技术与艺术的统一。

三、产品平面设计

平面设计也称为视觉传达设计，是以"视觉"作为沟通和表现的方式，结合符号、图片和文字，借此传达想法或讯息的视觉表现手段。"平面设计"这个术语出自英文"graphic"，在现代平面设计形成前，这个术语泛指各种通过印刷方式形成的平面艺术形式。因此，当时这个词是与"艺术"连用的，统称为"graphic design"。"平面"这个术语在当时的含义不仅指作品是二维空间的、平面的，还具有批量生产的意思，并因此与单张、单件的艺术品区别开来。

（一）平面设计基本步骤

1．制订好的计划

对于一个休闲体育产品来说，好的计划、构思相当重要。首先，产品设计离不开计划。设计师在接受、挑战一个高端设计任务时，要有详细而周密的计划书，要正确了解消费者的需求。其次，产品设计要了解所生产的产品类型、产品质量、产品作用等。

2．正确发挥手工草图和软件的作用

设计一种产品，首先要产生一种有利于产品宣传、推销及视觉效果的概念；然后要充分调动每一个脑细胞，从而形成二维、三维的初步平面效果，随时随地在生活、工作、学习中观察、记录，绘制好草图。对于一件优秀产品的设计，感觉和灵感很重要。把草图稿扫描后，将 Phototshop、3Ds Max、Corel DRAW、IIlustator、Freehand、PageMaker 等软件的运用相互贯通，软、硬件相结合，最终设计出一幅完美的作品。

3．方案的探讨、管理、定案

每个设计师都明白，保质、保量地完成一件优秀产品设计不容易，所以完成一种方案时，无论是选比方案、参考方案还是定稿方案，都应科学化管理，充分体现设计单位、设计师的专业性特点。

（二）平面设计创意理念

在日常生活中，我们经常听到"平面设计"这个词。其实创意是一门科学艺术，是一种气质、感染力合力的效果，平面设计往往讲究视觉效果和感染力。创意理念的根本观念是通过"越界"促成不同行业、不同领域的重组与合作。这种"越界"主要是面对第二产业的升级调整、第三产业的细分，打破二、三产业的原有界限。通过"越界"，对第二产业进行三产化、创意化、高端化、增值服务化，开拓艺术型、精神型、知识型、心理型、休闲型、体验型、娱乐型等新的产业增长模式，培育新的休闲体育消费市场和新一代创意消费群体。其实，创意理念必须讲究"人""文""效"的合一。人，是指人对创意的理解，设计师对平面设计软件掌握的熟练程度等。文，是指设计师的学历、经验、社会知识的积累，一个优秀设计师的文化素质、文化修养往往决定了设计理念的"优"和"差"。效，是指设计单位、设计师们正确合理地安排时间。

（三）平面设计讲求"和气""重心""节奏"

对于平面设计这种艺术性高、专业性强、理念超前的学科来讲，"和气"十分重要。平面设计中，各要素之间应和谐统一，有对比，而不是乏味单调或杂乱无章的。对称和对比是平面设计质量的源泉。另外，设计中"重心"和"节奏"十分重要，画图的中心点、中心位置如何放、如何摆、如何产生更好视觉效果，整体与部分之间数量的关系不同，也使得作品的成本、感观各不相同。进行平面设计时，设计师应追求不同人群观看设计作品时，能够体验出运动感和变化感，有不同的视觉感观。

四、产品人性化设计

（一）人性化设计的定义

现代对人性化设计的定义是指在保持设计的科学结构与合理功能的基础上，根据人体的生理结构、行为习惯以及心理情况、思维方式等，整合满足人们身心需要、物质和精神需要的因素。用通俗的话来说，人性化设计就是在保证设计美观和使用功能的基础上，更加关注设计与人之间的关系，注重设计在生活中是否适用，是否满足了人的需求。在设计之中，除了要强调美感，还要关注使用者的舒适度，这种理念是将人的感受作为设计师所要关注的主要方面，一切设计以满足人们的需求为目的。这样的设计思维一方面能够促使设计师的设计更加贴近生活，另一方面能够让人们的生活在这个快节奏的时代更加便利。人性化设计是将各方的感受挂钩，强调科学技术的发展是为人的舒适生活服务的。在这个高度文明的时代，各方面的设计成果都应该更加方便人们的快节奏生活。人性化设计正是出于这样的考虑，找出产品设计的不足、不便之处，再使用技术加以改善或删除，使之成为能为人们节约时间、使人们享受生活的产品。

（二）人性化设计的意义

设计具有四维性：美学、技术、经济和人性。设计是为人而生的，一件好的产品总是在人们的需要中诞生的。设计是围绕人的设计，生活是设计的根本。在设计的实施中，如果只是主观地以设计师的想法来进行设计，那么这个设计是失败的，是不能够很好地为人服务的。随着社会经济的发展，人们更加注重设计上的人性化关怀，于是各行各业根据自身所掌握的科学技术基础、人们的具体需求进行设计，使得产品对于人生理和心理的关注更加细致，与人们的日常生活更加贴近，对用户体验更加注重。当代设计所强调的就是人性化设计理念，呼吁设计师关注消费者的内心需求，以消费者的内心需求为设计的出发点。设计的核心是人，不管是消费的哪一方都会期望设计对现实生活有益，设计不单单是为了美或者视觉感官而进行的，它必须有一定的内涵。从这一观点可以看出，休闲体育产品的人性化关怀并不是一种追逐潮流的思想，这是时代发展的大势所趋，是人们内心的热切期盼。作为一个适应时代的设计师，必须把握住时代的要求，因为产品设计的最终目的就是让消费者满意。

第五节　设计软件在休闲体育产品设计流程中的应用

设计软件的应用是产品设计流程中的重要环节，它不仅能将设计创意具象化，还是设计师与结构帅、模型师、客户等相关人员相互沟通的重要工具。设计软件的使用是利用计算机强大的计算功能和高效的图形处理能力对产品进行辅助设计、分析、修改和优化。

在产品设计中，目前常用的设计软件主要分为三维软件与平面软件两大类。常用的产品设计三维软件主要有 Rhino、Alias、3Ds Max、UG、ProE、Suface、CATIA、SoidWorks 等，常用的产品设计平面软件主要有 Photoshop、CorelDRAW、Adobe Illustrator 等。在产品设计流程中正确选用设计软件可以准确表达产品的形态、功能、色彩、结构等产品要素，能够填补设计师与工程师之间的沟壑，并可以帮助客户更快、更清晰地了解产品，还可以清晰直观地与同行或客户进行交流、修改方案，是目前提高设计效率的有效手段。

同时，正确选用设计软件还可以指导模型制作与产品生产。在模型制作的过程中，主要是通过设计软件制作设计图纸与形态模板来辅助模型制作的，因为应用软件制作产品形态模板可以提高模型制作的准确程度，并节约模型制作的时间；在生产的过程中，设计软件主要应用在效果图与模型制作完成后的数据采集与构建上，根据模型构建产品数据可以指导生产。

在产品设计流程中正确选用设计软件不仅有效地节约了开发时间与成本，还使设计师在具体应用时提高了工作效率。但目前设计师对于平面软件在产品设计流程中的应用认识比较片面，过分地追求三维软件表达的绚丽效果，而没有理性地针对实际流程选择正确的软件。殊不知设计软件效果图上的一道阴影就代表着一道加工工艺，一条缝就代表着一条分模线。等到开展实际项目时，这些不太实际的效果常常是纸上谈兵，无法实际用于生产。

一、产品设计中三维软件与平面软件的区别

在产品的设计程序中，一般先用手绘草图表达创意，再通过设计软件把手绘草图转换成图形与数据，通过设计软件制作出的图形让设计师及时对设计做出判断和修改，并通过软件制作出的数据引导生产。但不同的产品，其具体的设计流程是有所区别的，因为产品设计是一个不确定的、复杂的和反复迭代的设计求解过程，不同的产品需要不同的设计流程，而目前众多的设计软件对于产品设计流程并没有具体的针对性，如在设计一组简易哑铃时，既可以选择平面软件也可以选择三维软件，那在设计流程中哪种软件才是更科学、更高效的选择？如果使用平面软件来进行设计制作，需要绘制产品的多个侧面才能表达清楚产品的全貌。但如果使用三维软件来设计制作，由于简易哑铃本身结构简单，形态并不复杂，可以迅速确定产品的各个细节尺寸以及结构方式，快速地制作出各个面以及透视的效果，需修改某个部分时也能直接看到修改后的整体效果，这时三维软件的优势就相对明显。下面从产品的设计制作流程分类来具体阐述设计软件在不同类别产品中的应用问题。一般产品设计制作流程主要分为两大类：①正向设计流程；②逆向设计流程。

二、设计流程中设计软件的具体应用

（一）正向设计流程中设计软件的应用

1．正向设计的概念与适用的产品类别

正向设计流程遵从一种预定的顺序模式，即从市场需求抽象出产品的功能描述，然后进行概念设计，在此基础上进行总体及详细的零部件设计，并制定工艺流程，完成加工及装配。正向设计流程一般是先手绘草图，再用设计软件把手绘草图转换成图形，即电脑三维模型与效果图，然后根据效果图制作模型，最后生产产品。正向设计流程适用于结构相对简单的产品或者是形态结构易改变的产品。

2．正向设计流程中选用三维软件

由于结构简单的产品宜采用正向设计流程，因此在正向设计流程中的设计软件一般选用三维软件。一是因为结构简单的产品直接用三维软件能准确地表示其大小、尺寸，这种简单、准确的产品模型数据也可以直接引导生产。二是由于结构简单，

使用三维软件耗时不长，并且三维软件建立的模型能清晰观察结构简单的产品的每个面，进行方案修改时也比较方便。正向设计流程中应用的三维软件主要有 Rhino、Alias、3Ds Max 等能表达结构简单产品外部形态功能各要素的软件。在具体的运用中，常常将这些软件组合使用，以发挥每个软件的优势。

（二）逆向设计流程中设计软件的应用

1. 逆向设计的概念与适用的产品类别

逆向工程技术又称反求工程技术，在国外有着较悠久的发展历史，它将已有的产品模型或实物通过测量转化为工程设计数字模型和概念模型，在这个基础上进行修改、深化和再创造。逆向设计就是基于逆向工程技术的一种产品创新设计程序，其流程一般为先手绘草图，再用设计软件把手绘草图转换成图形，即电脑效果图，并根据效果图制作模型，模型是评判设计的重要标准。修改确认后进行数据采集，通过这种逆向工程的方式使用三维扫描仪进行模型扫描得到数据，用电脑工程软件构建数据，最后用精确数据生产产品。逆向设计适用于内部结构相对比较复杂烦琐的产品，如空调、微波炉、机箱面板等，或者一些运动休闲用品、玩具、手表等需要实物验证的产品，这类产品采用逆向设计对企业或设计公司有更多好处。

2. 逆向设计流程中选用平面软件

由于适用于逆向设计流程的是内部结构相对比较复杂烦琐的产品，因此在逆向设计流程中使用三维软件进行造型设计会有一些不足：①结构复杂烦琐的产品用三维建模渲染所花费的时间过长，加长了制作周期与成本；②结构复杂的产品无论效果图多么精确，都必须用模型验证，因此三维软件的效果图也完全没有加工的可能，只能用于评审。根据效果图所得的数据不够精确，不能用于加工，因此使用三维软件在时间、精力上都是很不划算的，此时用平面软件制作产品效果图是比较有效的选择。逆向设计流程中主要应用平面软件，如 Photoshop、CorelDRAW、Adobe Illustrator 等绘制出产品形态效果图，并用于指导下一步的模型制作。在逆向设计流程中应用平面软件进行造型设计有更大的优势，因为平面软件利用模型验证结构，有效地节约了时间与成本。通过三维扫描仪进行模型扫描得到数据，在结构构建时采用三维工程软件，最终得到的数据是非常准确的，可以直接用于加工，修改也十分方便。当然，这个环节也是逆向工程最重要的环节，该环节需要花费大量的时间。

设计软件在产品设计流程中是必不可少的工具，它能有效地辅助设计师完成造型方案设计任务，并使设计方案符合设计预期。通过对正向与逆向设计流程特征的分析可以看出，不同的产品在设计时需要应用不同的设计软件。结构相对简单的产品在正向设计流程中更适合使用三维软件进行设计，内部结构相对比较复杂烦琐的产品在逆向设计流程中更适合使用平面软件进行设计。了解设计软件在设计流程中的应用可以使设计师在针对具体产品时更加高效地完成设计任务，提高工作效率。在产品设计流程中正确选用设计软件可有效节约开发时间与成本。

三、Rhino 软件简介

Rhino 是由美国 Robert McNeel 公司开发的专业 3D 建模软件，它广泛应用于三维动画制作、工业制造、科学研究以及机械设计等领域，使用 Rhino 软件可以制作出精细复杂的 3D 模型。自推出以来，Rhino 软件经过严谨的测试和数次改版，现已经能够轻易整合 3Ds Max 与 Softimage 的模型功能部分，对要求精细、弹性与复杂的 3D NURBS 模型有点石成金的效果。Rhino 软件能输出 OBJ、DXF、IGES、STL、3DM 等几乎所有的常见软件格式，具有良好的兼容性，对提高整个 3D 工作团队的模型生产效率效果明显。Rhino 使用现在流行的 NURBS 建模方式，主要侧重于 3D 物体的建模。Rhino 对电脑硬件要求很低，能够降低公司硬件成本，即使 P133、32MB 内存再加 Windows 95 且没有图形加速卡，Rhino 软件都可以流畅运行，现最新的版本是 Rhino 7.0。在休闲体育产品设计领域，Rhino 软件可应用于运动鞋、休闲鞋的鞋模设计及便携式休闲体育用品的设计。

Rhino 软件具有如下特点。

（1）NURBS 建模功能强大。

（2）兼容性良好，能够输入、输出大多数主流三维软件格式。

（3）对硬件要求较低，降低了使用成本。

（4）Windows 风格界面，学习容易上手。

（5）经济实惠，软件购买成本低。

第三章 休闲体育产品设计创新方法和创意理论

第一节 休闲体育产品设计创新方法

一、休闲体育产品的健身功能设计

（一）休闲体育用品的健身功能设计

休闲体育主要功能之一就是健身，所以在休闲体育用品设计中，健身功能无处不在，最典型的产品就数"全民健身路径"器材了。换个角度考虑，"全民健身路径"器材也是属于休闲体育用品，社区居民在闲暇就近选择"全民健身路径"进行身体锻炼，既休闲轻松，又健身强体，体现了休闲体育的宗旨。"全民健身路径"器材种类繁多，一般分为如下五类：有氧运动类器材、伸展（柔韧）运动类器材、力量锻炼类器材、平衡能力锻炼类器材、趣味型健身器材。具体到单件器材，它们分别是：太空漫步器（图3-1）、扭腰器、压腿杠、腰力锻炼器（图3-2）、双人大转轮、跑步器、滑行器、划船器、赛艇、蹬力器、单杠、双杠、滚筒、多功能锻炼器、伸背器、健骑器、旋风轮、肋木架、多功能上肢锻炼器、肩关节康复器、双人腰背按摩器、腹背锻炼器、上肢锻炼器、下肢康复器、太极推手、天梯等。

"全民健身路径"器材在外形、结构设计、静负荷能力、稳定性、安全警示、器材安装和场地要求、电器安全等方面都有明确的标准，以确保使用者使用过程中不出问题。"全民健身路径"器材的设计特点主要有如下几点：①安全。②易操作。③健身功能指向性明确。④运动量可自控。⑤占地面积小。⑥绿色产品，不耗能。⑦造型美观，色彩柔和，与周边景物搭配。⑧容易维护和更新。⑨不容易出现掉漆、生锈等现象。⑩具有良好的防松动、防水性能。⑪防盗。未来"全民健身路径"器材设计将进一步朝着智能化、可视化、可调化、安全化、简易化、美观化方向发展。

图 3-1　太空漫步器　　　　　　　　图 3-2　腰力锻炼器

（二）休闲体育服务产品的健身功能设计

大型户外竞技真人秀电视节目《奔跑吧》属于典型的休闲体育服务产品，节目中知名演员的游戏活动无不在奔跑中完成，其健身功能不言而喻。通过精心选择拍摄地，设计富有情趣且略带惊险刺激的游戏情节，加上民族服饰或历史上某个朝代的传统装扮，将观众带入惟妙惟肖的场景之中，让观众欲罢不能。

在公司或单位举办的年终联欢会、尾牙活动中经常会有娱乐游戏，可以在这些游戏中加入体育元素和健身手段，让娱乐游戏变得更有意义。常见的娱乐健身游戏有两人三腿快步走、椅上功夫（在一张椅子上站最多人的游戏）、拔河等。

此外，还有一种富有创意的现实版的休闲体育服务产品，即遍布大街小巷的广场舞。除了由国家体育总局整理出台统一标准的广场舞舞种外，还有许许多多充满地域特色、民族特色、多舞种交融荟萃的广场舞种类。各种优美的舞蹈包含着浓郁的民族风情，婀娜多姿的舞步带给人们美的享受，与此同时，通过翩翩起舞收到促进身体健康，增强身体内脏功能，提高协调性、柔韧性等身体素质的良好功效。广场舞迷聚集在一起跳舞、交流、聊天、娱乐，排除了孤独感，对心理健康也很有帮助。这种具有中国特色的广场舞现象彰显了中国的广场舞迷热爱生活、热衷健身、乐观向上的人生态度。

（三）企业休闲轻运动健康管理服务产品设计

当今人们生活节奏加快、身体活动减少，加之环境污染和生态失衡等，导致了越来越多的"文明病"的出现。平安健康险发布的《中国企业员工健康状况及医疗福利报告》（2015）主要面向中国 15 个城市和 8 个行业的 499 位资深人力资源经理和 2099 位企业员工进行了调查。调查发现，超过九成员工处于疾病和亚健康状态，企业员工健康状况堪忧，在这种情况下，企业发展休闲体育显得尤为必要。企业休闲轻运动健康管理服务以市场为导向，以客户个性需求为重点，突出为企业定制轻运动，助推全民健身和体育产业发展。

1. 企业休闲轻运动健康管理服务简介

企业休闲轻运动健康管理服务是为企业员工量身定制健康服务，主要是为企业提供上门管家式服务，如根据客户公司人员构成、健身需求、预算规划、场地情况等，合理调整服务项目；对员工进行体质监测，安排教练进入客户公司，带领员工进行轻运动；还可为企业和公司组织运动会和比赛等。其服务项目涵盖跳操、跑步、跆拳道、瑜伽、理疗等。该服务为企业量身定做最适合的健康计划，以此提高员工身体素质、排解工作压力、提高员工满意度，从而提高员工的工作效率和对公司的归属感。

2. 为企业提供休闲轻运动健康管理的产品与服务设计

（1）体质检测——健康管理。

体质检测与一般意义上的医疗体检不同，体质检测的目的不是为人们检查和诊断疾病，而是帮助人们掌握自身的身体素质状态，同时为检测者提供科学健身的原则和方法。其产品包括：①体质报告——提供亚健康、血管机能、骨密度、体成分、心肺功能、形态机能及身体素质等多项体质检测服务。②运动计划——根据员工总体身体素质、企业场地条件、员工运动倾向，提供专业可行的休闲轻运动计划并适时调整。

（2）休闲轻运动——运动管理。

轻运动成为当今健身活动的一种新时尚，提倡工作时间办公场所每天健身一小时。其具体产品名称是企业休闲轻运动管家：每家企业设置一名休闲轻运动管家，为企业量身定制运动方案，并根据实际情况随时调整实施方案。

（3）休闲体育活动——节事管理。

企业作为一种组织形式，出于员工福利或者经济效益，员工聚会、市场活动以及客情关系维护活动都是必要的企业行为。休闲体育活动的能量积极、参与度高，是企业开展活动的不错选择。同时，体育旅游是体育与旅游相结合的一种特殊的休闲生活方式，可以从不同企业游客的不同需求出发，为其量身定制旅游线路，如心灵、亲子、游艇、自驾车、徒步、摄影、漂流、美食、滑雪等主题旅游线路。此体育旅游设计区别于传统的户外 AA 制活动，它结合某些对户外运动或体育运动有兴趣的大型企业的企业精神，定制符合企业精神的文化体育节事活动。其产品包括：①企业节事活动——员工运动会（常规春季、秋季运动会，专项休闲体育活动比赛等）；客情关系维护年会（为客户公司购买休闲轻运动健康管理服务，举办跨公司的趣味运动会，定制相辅相成的体育旅游线路等）；市场营销活动（利用休闲体育活动有观赏性以及容易聚集人群等特点为企业定制市场活动，如笼式足球社区赛、街头篮球争霸等）。②体育旅游——骑行旅游，国外特色体育文化之旅等。

（4）休闲体育器材——装备管理。

办公场所的健身房目前大部分企业会考虑建设，但现实情况是，因为很多主客观的原因，大部分的企业健身房沦为摆设。其原因不外乎是大部分企业在建立健身房时，随意购买器械，导致其不适合企业员工运动需要等。休闲体育器材管理包括：①为有体育活动室或者健身房条件的企业根据实际需要提供性价比最高的体育设施设备咨询和建议。②为有需要的企业员工提供休闲体育装备购买咨询并提供团购服务。

企业休闲轻运动健康管理服务有益于创建一种文明、健康、科学、休闲的工作氛围。企业休闲轻运动健康管理服务不仅可以促进员工的身体健康，满足员工健身需求，而且对企业竞争力和创造力的提高有重要意义，企业可结合自身发展的实际情况，采用四种健康管理模式开展休闲轻运动，为提高企业的经济效益和实现企业目标做出贡献。

（四）休闲体育健身产品存在的问题及其未来设计与开发的技术创新趋势

1. 休闲体育健身产品存在的问题

休闲体育健身产品存在的主要问题有：休闲体育健身产品的科技含量总体不高，总类不够齐全，没有一个细分的市场，也没有统一的标准，用户的体验度不是很高。如何使休闲体育健身产品更加安全、更加人性化、更加舒适，让健身者在使用过程中在身体、智力、精神和情绪上达到完美体验，成为当今休闲体育健身产品设计与开发的突破口。

2. 未来休闲体育健身产品智能化设计的方向

（1）人机工程。

人机工程是为了让技术的发展围绕人的需求展开，把人作为产品和环境设计的出发点，使其性能等更好地适应和满足人类生理和心理的需要，从而使人们在工作中更安全、便捷、舒适，工作效率更高。伴随着计算机技术的高速发展，尤其是计算机图形学、虚拟显示技术、高性能图形系统的发展，基于 3D 技术为标准的图形化、交互式、真实感，基于物理模型的虚拟环境设计评价与仿真验证的平台建立起来，使得人机工程可以更好地服务于现代生活的各个领域。

休闲体育健身产品与现代人的生活有着密切的关联，运用人机工程设计出的休闲体育健身产品的好坏直接关系到现代人的健康与安全与否。常用的人机评价方法有：视域、力和扭矩分析，舒适度分析，姿势预测、可及范围、疲劳和恢复、手动操作局限分析，新陈代谢能量消耗、快速上肢评估、静态受力分析，等等。

因此，可以从舒适度分析与评价、健身器作业空间的设计与评价、容纳和伸缩的合格性、静态受力分析四个方面来探讨休闲体育健身产品的人机工程的变化，使之成为技术创新动力的重要因素。

（2）交互设计。

交互设计，又称为互动设计。一般说来，交互设计是指设计师对产品与它的使用者之间的互动机制进行分析、预测、定义、规划、描述和探索的过程。交互设计师为各种可行的交互进行设计，交互发生在人、机器和系统之间，存在多种不同的组合。

对休闲体育健身产品进行交互设计可以更好地推动技术创新的发展。随着社会的不断发展，科技含量的不断提高，以及计算机的广泛使用，休闲体育健身产品也日趋复杂、功能增多，新的人工物不断涌现，给用户造成的认知摩擦日益加剧。当人们发现简单的界面规划不能满足使用需求的时候，休闲体育健身产品的交互设计必须作为一个独立的设计阶段出现。同样，人机工程的发展也直接影响着产品和使用者的交互方式，如以智能手机与安卓市场开发为代表的交互设计直接推动了人工智能产品的发展。目前，交互设计已被广泛应用到产品的设计中，它所涉及的人机交互、界面设计等在提高产品使用的便捷性、给予使用者愉悦体验等方面的作用越来越受到关注。

3．休闲体育健身产品设计与开发的技术创新趋势

（1）虚拟休闲体育健身产品的设计与开发。

虚拟产品设计与开发（Virtual Product Development，VPD）技术是用计算机模拟产品设计与开发的过程，通过建立产品数字化模型，在虚拟现实和全任务仿真环境中进行分析，通过虚拟产品的数字化实验实现产品的设计与开发。对于休闲体育健身产品的虚拟化应用有两个方面。

①对于休闲体育健身产品的设计与开发，可用虚拟的计算机软件在电脑中进行完全的模拟。首先，根据休闲体育健身产品需求建立功能模型，并从数据库中提取各类知识信息作为环境信息，满足休闲体育健身产品静态和动态舒适性等方面的要求。其次，根据休闲体育健身产品开发过程不断产生的信息和数据组成的环境信息，在虚拟现实和全任务仿真环境下，分析各个使用领域的产品功能和性能，进行强度分析、动力学分析、运动学分析、可制造性分析、可装配性分析和经济性分析等，从而达到节约成本、功能实用、服务大众的目的。

②研究出虚拟的不是实体的休闲体育健身产品，通过类似于虚拟旅游的虚拟化，将视频、图像、音像全部加载到一个界面中，让消费者可以在计算机上了解外面的世界。同时，将休闲体育健身产品用三维的表现形式，让用户在虚拟的休闲体育健身产品的引导与智能化的条件中，在虚拟的条件下进行运动。其优点是可以大幅降低消费者的使用成本，提高科技含量，让休闲体育健身产品不只通过实体来表现，提高了休闲体育健身产品的普及率，提升了人们的运动参与率，使健身更加便捷化。此类最典型的产品当数模拟高尔夫产品。

（2）智能休闲体育健身产品的设计与开发。

智能化是现今比较流行的提法，它是指由现代通信与信息技术、计算机网络技术、行业技术、智能控制技术汇集而成的针对某一个方面的应用。随着科技的发展，一些过去只在专业训练中才使用的高科技也开始涉及休闲体育健身领域。在一些健身场馆，室内器械装上了智能系统，可快速计算并量身打造出训练计划。小型化、便携式工具，如运动手表、手环等，具有监测心率、血压，计算里程及消耗热量等功能，成为科学健身的好帮手。

（3）游戏休闲体育健身产品的设计与开发。

游戏是休闲体育的一类，有智力性游戏和活动性游戏之分，智力性游戏有下棋、积木、打牌等，活动性游戏有追逐、接力及利用球、棒、绳等器材进行的活动，并有情节和规则，具有竞赛性，是人们比较喜欢与乐于接受的一种形式。

知名健身品牌较少涉及的家用休闲体育健身产品市场，无疑为目前休闲体育健身产品的发展腾出了利润市场。中国目前约有 3000 万家庭有足够的经济能力和健康意识，愿意花钱购买家用运动器材，但与俱乐部、社区、公司等大型单位市场相比，家庭个人市场还没有形成气候，因此是一块还未经开发的土地。休闲体育健身产品企业必须抢占市场的先机，在目前的市场状况下开发出具有娱乐性的游戏型产品。

（4）便携式休闲体育健身产品的设计与开发。

便携式休闲体育健身产品的体积比较小、携带方便，已越来越适合现代快节奏的生活方式。现代社会，工作占据了人们大部分时间，人们工作繁忙、生活节奏快，很难找到一整段可以去健身房的时间。这时，便携式运动器材就显现了它的优势。

（5）竞技休闲体育健身产品的设计与开发。

竞技休闲体育健身产品顾名思义就是通过比赛的方式让人们在休闲体育健身产品的使用上产生浓厚的兴趣。竞技休闲体育健身产品的使用可以激发人的心理作用，让人在进行休闲体育健身时产生战胜对手、战胜自己的决心，取得超出自己想象的健身效果，最大限度地发挥和提高个人在体格、体能、心理及运动能力等方面的潜力。

竞技休闲体育健身产品优势如下：①充分调动和发挥用户的体力、智力、心理等方面的潜力；②有激烈的对抗性和竞赛性；③激发挑战性，不断刺激人们去追求更高、更快、更强，使人们不断地挑战自我。

例如，一些电玩城的游戏机都有第一关、第二关、第三关各种分数的统计，并且有最高分的纪录，让用户想去超越并证明自己，这让用户在有心理上的幸福感的同时也提高了自己的能力。

二、休闲体育产品的娱乐功能设计

（一）休闲体育服务产品的娱乐功能设计

休闲体育产品与竞技体育产品之间最明显的差别就是前者更强调娱乐功能，这在休闲体育服务产品的设计上表现得更加突出。休闲体育是人们利用余暇为了达到健身、娱乐、消遣、刺激、冒险等多种目的所自愿选择并从事的各种形式的身体活动的统称，是人们善度余暇、合理支配时间、提高生活质量的社会文化活动。由此可见，娱乐性、自发性、自愿性、消遣性、锻炼性、体验性、松散性、刺激性、冒险性等是其主要特征，所衍生出来的娱乐功能设计主要体现在如下方面。

1. 健身和大众艺术、休闲娱乐融合的设计

众所周知，广场舞风靡我国城镇的公园广场、大街小巷、操场空地。广场舞之所以如此受广场舞迷欢迎，是因为广场舞动作源自简易健身操、初级舞蹈、广播操、民族舞等，简单易学，又有美妙悦耳的音乐、歌曲伴奏。即使是初学者，随性地跟着大家起舞，沉浸在自娱自乐的体验之中也是很惬意的。

2．竞技体育项目改造创新后体现健身娱乐功能的设计

气排球源自竞技体育项目六人排球，传统的六人排球很难在大众中普及推广，原因是排球球体偏硬、偏重，容易戳伤手指；而且球速过快，不好控制，球总是落地，来回球很少，很难引起大众打传统六人排球的兴趣。自从气排球推出后，由于气排球的球体材料改用轻薄塑料，球体变大，质量变轻，球的飞行速度明显变缓，打球者不易受伤。很快，气排球就变成了一项老少皆宜、喜闻乐见的健身休闲娱乐项目，尤其深受中老年人的欢迎。三人篮球、花式篮球、五人足球、沙滩足球等与其有异曲同工之处。

3．水上乐园、戏水项目迎合少儿娱乐需求的设计

儿童喜欢戏水是天性，是亲近自然的本性。设计师可以设计出许许多多的戏水项目供儿童游乐，不过，有趣、健身、安全、水、合作这几个元素不可或缺。水上乐园中奇趣无比的项目满足了儿童嬉戏、猎奇、探索的需求。当今世界上较知名的水上乐园有长隆、水立方、疯狂维迪、亚斯水世界、迪士尼。

（二）社区休闲体育服务产品设计中突出娱乐功能

娱乐健身场所是公共空间中非常重要的组成部分。在社区公共空间的营造中，活力和凝聚力是判断社区环境、邻里关系优劣的重要指标。而社区精神、邻里关系的培养就是通过各种各样的活动和组织展开的，在这个过程中，娱乐健身场所的作用非常突出。娱乐健身场所作为社区公共空间的组成部分，起到天然的导向作用。娱乐健身场所通过健身器材和娱乐器材的摆放来增强吸引力，鼓励社区居民走出家门进行锻炼，增加人们的户外活动时间，增强人们的体质。一个健康成熟的社区，娱乐健身场所的使用必定是频繁和高效的。通过活动的组织和开展来增加邻里之间的熟悉度、亲切感，也能促进社区关系向着健康、互助的方向发展，从而增加社区的凝聚力。社区还可以通过不同活动内容的设置，来满足不同年龄、不同层次的居民的需求。

三、休闲体育服务产品的竞技功能设计

在 2008 年北京奥运会前夕，中央电视台曾经播出一档节目——《城市之间》。该节目于 1962 年由法国的米斯特拉尔制作公司（Mistral Productions）推出和制作。2005 年，《城市之间》由中法两国主办，共有中国、法国、俄罗斯、乌

克兰 4 个国家的 40 支队伍参加，每个国家的 10 个城市各派一支队伍参赛。代表中国参赛的是天津、北京、上海、郑州、西安、大连、秦皇岛、大庆、呼和浩特、兰州这 10 个城市。比赛地点为法国马赛。最终，天津获得 2005 年《城市之间》国际版的冠军。此后，该赛事一直举办至 2015 年，收视率非常高，带给电视观众美妙的视觉享受。

《城市之间》是以群众为基础、以体育为平台、以城市为卖点来宣传城市的一档巨型游戏类节目，该节目最大的特点就是在大型休闲健身游戏中融入竞技元素。它把体育看成塑造大众精神健康的手段，它所表现出来的乐观、健康和幽默感染着现场和电视机前的广大观众。

四、休闲体育产品的旅游功能设计

（一）体验式体育旅游产品设计的原则

体验式体育旅游是适应当前旅游市场发展需求的产物，它以一定的旅游资源和旅游体育设施为基础，以旅游商品的形式，为旅游者在旅行活动中提供健身、娱乐、休闲、交际等各种服务，使旅游者从参与、观看这些活动中获得更多舒畅而独特的体验。体验式体育旅游产品设计应该遵循如下原则。

1．市场导向原则

以目的地现有体育资源为基础，以细分市场客源为导向，设计开发出具有区域特色的体验式体育旅游产品。

2．特色性原则

把挖掘当地有特色的体育旅游资源作为工作的出发点，旅游特色越突出，个性越鲜明，对旅游者的吸引力就越大。应尽量做到"人无我有，人有我优"。

3．安全性原则

在产品设计过程中，设计者应使体验式体育旅游产品有益身心、健康可靠，并互成配套项目。

4．经济效益原则

所设计的相关产品应具有较好的旅游收益，同时对于发展目的地经济、创造就业机会及繁荣相关旅游行业有积极作用。

5．整体规划原则

一地体育旅游产品的吸引力并不绝对取决于旅游资源的级别和特色，如果能为旅游者提供一个整体性的体验氛围和体验环境，让旅游者获得充分、全方位的旅游体验，将极大地提高旅游者的旅游质量。

6．多元化原则

体验不仅仅等于参与，它还具有多种类型，包括娱乐、教育、逃避、审美及移情，不同类型的体验带给人完全不同的感受和价值。而且旅游者类型不同，其旅游体验需求也具有极大的差异性。应依据体验的多元化以及旅游需求的多元化原则设计类型多样、差异性强的体验产品。

7．不断创新原则

在体验经济时代，体育旅游产品若想取得并保存持久的吸引力，就必须坚持不断创新的原则。只有创新才有特色，有特色才能保持体育旅游产品的新鲜感和唯一性，令旅游者沉浸于迷人的体验世界，获得旅游者的认可，提升体育旅游产品的魅力和竞争力，最终旅游地获得长期的经济效益和可持续发展的机会。

8．积极树立品牌原则

应该开展树立品牌的策略，即致力于充分利用目的地优越的自然生态地理环境，将目的地从挑战、参与、体验的全新角度推向广大旅游者。这正是树立起目的地体验式体育旅游品牌的一个良好契机。

9．注重生态环境可持续发展原则

在开发体验式体育旅游产品的同时，必须严格控制其对周边生态环境的负面影响，以保护式的开发为最优方案。

（二）体验式体育旅游产品设计的基本要求

1．重视消费者的体验化

体育旅游产品是享受型产品，因此，一定要重视消费者的感受和要求，在满足消费者心理需求和精神需求的基础上体现产品自身价值。例如，迪士尼乐园是具有代表性的体验化体育旅游产品，其成功的因素在于充分满足了消费者的好奇心理，并且为消费者创造了一个个快乐惊奇的童话世界。正是因为迪士尼乐园抓住了消费者的心理需求和精神需求，所以它才成为世界知名主题公园。当前，在我国旅游产业中，深圳华侨城、云南民俗村等也是比较成功的主题公园。在旅游产业中，空中冲浪、峡谷漂流以及探险露宿等体育旅游项目也受到了消费者的欢迎，这都体现了体育旅游产品体验化的价值和魅力。

2．重视消费者的情感化和个性化

企业在满足消费者情感化和个性化的同时，还要在产品开发中以消费者的行为模式、心理需求以及心理特点为主要依据，设计出同消费者产生共鸣的产品，抓住消费者的心理。近些年，我国一些旅游企业相继推出红色之旅、重走长征路、老人江南游等体育旅游产品，受到社会的高度关注。例如，《深圳晚报》与深圳国旅联合推出的"深圳情旅"，更是凸显了交友和旅游的新形势。可见，针对消费者的情感化和个性化推出的各种体育旅游产品为消费者带来了不同的体验感受。

3．重视消费者的参与性和互动性

企业要针对消费者的参与性和互动性对体育旅游产品进行设计。为了迎合消费者的消费行为和消费观念，在设计体育旅游产品的过程中，企业要充分考虑消费者的积极性和参与性，设计让消费者满意的体育旅游产品。企业还要加强同消费者之间的互动，掌握消费者的旅游意愿，设计个性化的体育旅游产品，满足消费者的不同需求，从而实现利润最大化。

4．重视消费者的绿色消费观念

绿色消费是可持续性消费，因此，体育旅游产品要适应消费者和社会消费意识的改变，开发出利于社会发展和生态自然的绿色产品，重点突出产品的文化内涵和绿色意识。例如，探险、远足、滑雪等绿色体育旅游产品，近些年也深受消费者的欢迎，其具备的绿色消费符合消费者的消费观念，是体育旅游产品的新趋势。

5．突出产品的主题

主题是产品的灵魂和基础，具有吸引力的主题能够增强消费者对产品的情感体验，同时，鲜明的主题也可以充分强化消费者的感官体验。设计者应突出产品的主题，为消费者设计明确的体验路线，并且同旅游品牌进行充分结合，带给消费者统一性和整体感，使其产生联想和感应。体验经济要求体育旅游产品思路明确、内涵清晰，对消费者的接纳和选择具有诱导性和启迪性，这就要求体育旅游产品有鲜明的主题，并且贯穿于体育旅游整个过程。例如，"远足香格里拉"就针对探险旅游的消费者，让人远离喧嚣的都市，回归充满自然之美的香格里拉，并且设计了具有诱惑的广告来吸引消费者。又如"澳大利亚游——英语之路"，它是针对学生夏令营的市场设计的体育旅游产品，以增强学生素质、接受异国文化、从小开拓视界为主题，打造旅游修学的品牌形象。

（三）体验式体育旅游产品设计的流程

体育旅游产品设计是一个系统化的过程，企业在进行体验式体育旅游产品设计时必须遵循一定的工作流程，以提高企业的生产效率，确保企业产品的质量。参考工业产品的设计流程，体验式体育旅游产品设计的流程大概如下。

设计决策阶段：企业根据体育旅游资源、旅游目标市场，衡量体验性设计给企业带来的利益与风险，决定是否进行产品的体验性设计。

设计实施阶段：旅游市场调研是产品设计实施的基础，设计实施阶段是企业针对体育旅游产品的特点，从各个不同的角度，使用不同的方法，分别进行设计的过程。体验式体育旅游产品设计的实施阶段应该包括有形的实物产品和无形的服务产品的体验性设计。

设计实现阶段：本阶段主要包括两个方面的内容，一是运用体验营销将体验式体育旅游产品推向旅游市场的过程；二是对体验式体育旅游产品的控制，以及按照经营情况和旅游消费者的反馈意见改进完善设计的过程。

（四）体验式体育旅游产品设计的类型

1. 根据产品的类型按行政、地理区划分为小区域进行产品专项设计

以户外体育活动为主，充分利用现有资源条件进行设计开发，可以根据产品的类型按行政、地理区划分为小区域进行产品专项设计。

（1）漂流。漂流是极限运动的一种，也是奥运会项目之一。这项运动作为一种新兴的娱乐和避暑的休闲方式，集惊险、刺激、趣味于一体，逐渐成为现代旅游者所热衷的新兴旅游选择。漂流项目的特点就在于观光与体验尽在其中。它是传统大众观光型旅游与体育旅游的较好的结合。

（2）攀岩。攀岩是以人自身的能力攀爬天然或人工悬崖峭壁的一种运动，在欧美已有百年的历史，有着广大的爱好者和职业攀岩者。虽然攀岩在我国被了解和推广的时间较短，但其以挑战自我的魅力吸引了越来越多的爱好者。

（3）高尔夫运动。高尔夫作为一项较为温和、优雅的"贵族运动"一直受到白领阶层、商务精英等人士的青睐。在环境优美、空气清新、风景如画的高尔夫球场挥杆享受高尔夫运动的乐趣，是高尔夫爱好者都向往的体验式体育旅游项目。

（4）划船。凡是地处亚热带的湿润地区，通常降水丰沛，江河众多。归属于长江水系和珠江水系的河流特别多，这些河流具有径流量丰富、汛期长、含沙量少等优点，为开展划船运动提供了天然便利条件。

（5）溯溪。溯溪是由峡谷溪流的下游向上游，克服地形上的各处障碍，穷水之源而登山之巅的一项探险活动。

（6）徒步。徒步是负重进行长时间行走的旅游活动，非常考验旅游者的耐力和信念。长时间单调的旅行，会令旅游者感到乏味。只有开发出丰富多彩的徒步路线，才能让旅游者在对山水的体验与感受中完成对自我的挑战。

（7）骑自行车游。骑自行车游方式较为灵活，虽需耗费一定的体力但难度适中。另外，在山水如画的景区或游览道上，或两人或三人共骑一辆多人自行车，一边欣赏美景，一边体验协力合作的感受，实在美妙。

（8）热气球。热气球是较为新颖和刺激的体育旅游项目。它使游客在美丽的山水间飘游，让游客体验其带来的刺激，受到了游客们的喜爱。由于热气球一般有专业的飞行驾驶员，需要专业的设备器材以及良好的安全设施，对于气候条件也有较高的要求，因此，广泛地开展热气球旅游项目有一定难度。但随着当代旅游者对体验式体育旅游的积极参与，热气球探险旅游将会有更广阔的市场。

（9）HASH 运动。HASH 运动全称 Hash House Harriers，它所强调的是跑步，而且是有趣味、有难度的跑步。HASH 运动是一项世界性的休闲运动，起源于 1938 年马来西亚的吉隆坡，如今在全世界 184 个国家的几千个城市中都有开展。目前在我国北京、广州、上海、深圳、乌鲁木齐等城市，该项运动都很风行。HASH 运动没有固定的成员和组织，也不存在固定的模式，因此比较适合作为一项体验式体育旅游项目推向旅游者。HASH 运动在各个城市的具体做法各有不同，但所有的 HASH 运动都有两个共同的主题：跑步和啤酒——因为 HASH 运动结束后所有选手都要聚在一起开怀畅饮。HASH 运动已经超越简单的体育锻炼，形成了一种特色鲜明、独具魅力的文化。

（10）体验民族体育运动。我国少数民族传统体育项目为数众多且有悠久历史。例如，壮族人民喜闻乐见的传统体育项目——抛绣球，人们在茶余饭后互相抛接绣球，以娱乐身心，起到沟通感情的作用。

（11）其他。体验式体育旅游产品设计开发的空间很大，如近年来风靡各地的刺激型娱乐活动卡丁车、体验野外生存环境的露营、大型专业的垂钓邀请赛事等。

2. 体验式体育旅游产品线路设计

（1）纯体验式体育旅游线路，即针对旅游者对于某一项或几项体验式体育旅游产品的爱好设计旅游线路，如将桂林各小区域的产品进行组合与优化。

（2）观光与体育搭配线路。传统旅游项目中可根据旅游者喜好程度、身体状况等添加适当的体验式体育旅游项目，以观光旅游为主。例如，观光＋溯溪、骑车、搭乘热气球观光，等等。

（3）户外拓展训练。针对商务旅游、奖励旅游，在体验旅游的过程中增强团队向心力和合作度等。将户外拓展训练做成体育旅游项目，这是当前比较受推崇以及流行的方式。这种体验式体育旅游项目受到广大公司的青睐。

（4）特殊人群专项线路。在体验式体育旅游产品线路中应该考虑到对于残疾人、女性、老人等特殊群体的人文关怀问题，针对其心理、生理等特征为其量身定制专项体验式体育旅游产品；依据低强度、低难度、高安全系数等原则，让特殊人群在体验式体育旅游项目中也能有完美的体验。

（5）体验式体育旅游赛事。可举办各种户外运动邀请赛等具有影响力的赛事为体验式体育旅游增添人气。来自全国乃至全世界的运动员与观众的亲身参与，可使体验式体育旅游的形象更鲜明，定位更准确。

3. 冰雪体育旅游产品设计

当前，冰雪旅游已成为旅游业的新宠，作为冰雪旅游重要组成部分的冰雪体育旅游也在不断发展。近年来，辽宁、吉林、黑龙江以及华北、西北甚至是南方地区纷纷打出冰雪牌，争夺冬季户外冰雪旅游市场。

（1）竞技娱乐型冰雪体育旅游产品。随着时代的发展，休闲娱乐是人们参与冰雪体育旅游的主要目的，在娱乐中附加一定的竞技性，更能提升娱乐的程度。因此，可以在特色冰雪体育旅游产品设计中加入娱乐、竞技元素，以增强游客的参与性，使游客在冰天雪地中享受运动的快乐，做到竞技与娱乐共存。此外，还可以在运动中进行团队合作意识的培养，增加成员间的交流与沟通，促进友谊。

（2）刺激冒险体验型冰雪体育旅游产品。在设备设施较完善，拥有专业从业人员的雪场开展冬季森林穿越、越野滑雪、冰雪战场等活动。这些冰雪体育运动集休闲性、参与性、娱乐性以及刺激冒险体验于一体，成为极受欢迎的特色冰雪体育旅游产品。

（3）观赏艺术型冰雪体育旅游产品。传统的冬季体育运动——冰嬉具有很强的观赏性和文艺性。可以在适当的地点组织排练，展示这一大型冰上表演，使游客在视觉上感受浓郁的东北文化风情，丰富冰雪体育旅游产品的类型。与此同时，还可以加入一些现代冰雪艺术的元素，如冰上舞蹈、冰上体操等，使游客体验具有文化特色的新型旅游产品。

（4）开发冰雪旅游附带产品。在满足游客需求、完善雪场相应基础设施的基础上，还可以在滑雪场销售一些与传统冬季体育运动有关的造型玩偶、图画等工艺品，或者组织游客现场给泥塑涂色、剪纸、制作、品尝地方食品等活动。这样不仅可以增加旅游收益，还可以调动游客的参与积极性，使其进行互动，打破游客到雪场仅是进行冰雪运动的单一活动模式，打造一条完整的冰雪体育旅游产业链。

五、休闲体育产品的康复功能设计

休闲体育产品的康复功能内涵是指采用休闲体育用品或休闲体育服务产品改善疲劳人群、亚健康人群、肢体损伤人群、肢体残疾人群等的身体健康状况、内脏器官功能、肢体功能障碍。休闲体育产品的康复功能主要体现在通过休闲体育用品和休闲体育运动来实现上述目的，这是药物治疗所不能代替的。

具有康复功能的休闲体育用品包括按摩椅、按摩器、按摩枕、按摩床垫、足部按摩器、加热护膝、暖宫宝腰带、按摩披肩、全自动按摩垫、刮痧仪、按摩腰带、气囊枕颈椎仪、颈椎理疗仪等。在现实产品设计中可以参照以上产品的康复功能朝着高科技、智能化、便捷性的方向去设计。

至于突出康复功能的休闲体育（运动）服务产品的设计必须根据运动生理学、运动生物力学、体育教学论的原理，因人而异，尽可能以游戏的形式让参与者感受到快乐、自信、团结、友谊、信赖。此外，专门针对从事大强度运动训练后恢复的职业或专业运动员、接受治疗的肢体损伤人群、肢体残疾人群的康复训练必须结合体育运动的特点，因人而异，设计灵活多样、功能独到、简便易学的康复练习方法供其选择。

第二节　休闲体育产品设计创意理论

一、创意时尚型休闲体育产品设计理论

（一）创意和创意时尚型产品

所谓创意，它最基本的含义是创造性的主意，如一个好的点子，一个别人没有过的东西。当然这个东西不是无中生有的，而是在已有的经验材料的基础上进行重新组合的。创意是传统的叛逆，是打破常规的哲学；是思想库、智囊团的能量释放；是深度情感与理性的思考与实践；是思维碰撞、智慧对接；是创造性的系统工程；是投资未来、创造未来的过程。简而言之，创意就是具有新颖性和创造性的想法。创意产品就是没有标准化、彰显个性的产品。现代人生活压力越来越大，创意产品可以减轻生活的压力，让生活充满趣味。好的创意产品除了创新优势之外，还需要质量过硬。

创意时尚型产品就是在特定时间内率先由特定人群购买、使用，后来为社会大众所崇尚或仿效而争相购买的各种热销产品，是短时间内一些人为满足自我所崇尚使用的各类新兴产品。其特征是色彩明快、造型独特新颖、功能实用性强。总之，创意时尚型产品是引领潮流的商品的美称，涉及人们生活的方方面面，是能带给人们品位与不凡、愉悦和舒心的优质生活产品。

（二）创意时尚型休闲体育产品特征和设计理念

1. 创意时尚型休闲体育产品特征

创意时尚型休闲体育产品必须满足如下特征：①独创的且彰显个性的产品；②为社会大众尤其是青少年所崇尚或仿效而争相购买的各种热销产品；③前卫的引领时代潮流的产品；④短时间里一些人为满足自我所崇尚使用的各类新兴产品；⑤具有休闲体育产品的使用功能；⑥产品中包含新型材料、最新流行款式、高科技、智能化等元素。

2. 创意时尚型休闲体育产品设计理念

设计理念是设计师在产品构思过程中所确立的主导思想，它赋予作品文化内涵

和风格特点。好的设计理念至关重要，它不仅是设计的精髓所在，而且能令产品具有个性化、专业化和与众不同的效果。创意时尚型休闲体育产品设计理念由以下五个要素构成。

（1）创意时尚型休闲体育产品设计应做到别出心裁，不落俗套。既然是创意时尚型产品，就必须与众不同、别出心裁、不落俗套，这是创意时尚型休闲体育产品设计的核心要点所在。无论是有形产品还是服务产品，这个要素不可或缺。

（2）创意时尚型休闲体育产品设计应始终以健身＋休闲为主轴。休闲体育产品的功能在于健身、休闲、娱乐、游戏、挑战、刺激等，即使在休闲体育产品中添加了很多元素，但万变不离其宗，也应始终以健身＋休闲为主轴去设计产品。

（3）创意时尚型休闲体育产品设计需要有开放、包容的心态。创意本身就是文化思维碰撞的产物，没有开放包容的心态就做不好创意。另外，作为一个企业家，不可能参与到创意设计的具体过程中，但需要了解创意设计的定位和全局，然后决定自己企业的创新策略。

（4）创意时尚型休闲体育产品设计应体现差异化策略。产品差异化越明显，产品的个性化才越突出。产品差异化主要通过产品性能的差异化、产品外形的差异化、产品价格的差异化、产品品牌的差异化等表现出来。当然，这些差异化也是创意的一个个支点。

（5）创意时尚型休闲体育产品设计不可忽视 CIS 的作用。CIS 是指企业形象设计系统。完整的 CIS 包括三个子系：MI（Mind Identity，理念识别），BI（Behavior Identity，行为识别），VI（Visual Identity，视觉识别）。理念识别系统包括企业精神、经营观念、企业信条、企业目标、企业标语和座右铭等。行为识别系统包括企业内部的各项管理规章制度、员工行为方式、企业对外的公关宣传活动，如市场调研、促销活动、社会公益性与文化性活动等，是企业经营理念的外在动态表现。视觉识别系统包括基本设计要素（企业的名称、标志、标准字、标准色等）和应用系统（办公用品、企业车辆装饰、员工服饰、环境布置、广告宣传、招贴、产品包装等），是企业经营理念的外在静态表现。

（三）创意时尚型休闲体育产品设计流程

重视创意设计流程的原因有：首先，完善的设计流程能够确保设计的重点不会偏移。其次，完善的设计流程可以进一步提升效率。设计流程通过各个阶段的不断迭代，不断地发现问题、解决问题。这种迭代的工作流程无形中起到了提升效率的作用。最后，完善的设计流程给设计师找到方法论。新创意设计流程不同于以往的模式，而是一种迭代的过程，也是一种以人为中心的设计流程，能够更好地指引设计师提高工作效率。

从设计师的角度来看，设计流程主要从接到设计项目开始，对项目概念进行构想；通过设计草图对开发的产品有一个初步的设想，然后进行概念的深入理解与推敲；对初步的概念想法进行二维和三维效果图的绘制；对开发的产品进行 3D 建模，甚至还要做一些视觉识别方面的展示。从设计公司的角度来看，设计公司先对设计项目背景进行整体评估分析，确定设计方案；然后与甲方进行沟通，满足甲方的需求；进行概念方案的深入设计，产品初步成型；最后进行产品的市场推广设计。从企业的角度来看，一个新产品研发的设计流程主要从市场调研开始，通过对产品进行分析，来发掘市场的需求；设计部门要对市场部的信息进行分析，找到可设计的点，进行概念的产出；企业内部对这些概念进行可行性评估，确定几款可行的概念设计；由设计师进行深化设计，并且制作出样品，进行功能、销售、成本的评估测试；做好产品销售的设计，如包装设计、视觉设计、广告设计等。

以人为中心的设计流程主要可以分为六个阶段：问题分析、用户研究、观点结论、设计方案、原型制作、用户测试。

1. 问题分析

每个项目都需要一个项目的简报，它可能是企业给出的产品未来发展方向，以满足未来人们的需求。拿到简报时，先要分析做这个项目的意义、项目想解决的问题。

2. 用户研究

进行用户研究的主要目的是生成定性数据，使开发的产品能够满足用户的需求。

3. 观点结论

用户模型的建立使得团队的所有成员对目标用户的特点与需求有一个共同的理解，并达成共识，以确保整个产品团队把焦点集中在目标用户的需求上，使其贯穿于产品设计和开发过程。

4. 设计方案

在得到可行的设计点后，进入设计阶段。定义明确的产品要求团队开发的产品建立在良好的用户研究和分析的基础上，能够满足用户需求，同时具有成功潜力。在这个过程中，团队成员通过不断的设计构思与表达，设计交流与碰撞，找到更完善的设计解决方案。

5．原型制作

原型制作应该是一个合作的过程，涉及多学科的领域，这就要求产品开发团队吸纳各种不同专业背景的人参与，而非仅仅是设计师。概念模型可以帮助团队对开发的产品有一个直观的理解，通过目标用户的心理模型来确定产品功能。

6．用户测试

用户测试是一个迭代设计的过程，用户体验团队或目标用户可以对开发产品进行评估，通过设计审查或可用性测试提出意见，对用户体验团队及目标用户的反馈进行分析，并修改设计。

二、叙述性休闲体育产品设计理论

"叙述性设计"是一个典型的后现代词汇，它与现代派强调功能主义、设计的干净利落有截然不同的价值取向。所谓叙述性设计，就是指借助语义学意义上的数和符号语言形成的造型来"讲故事"，表达深刻的、具有些许超现实的"意涵"。文卡特斯赫指出，在超现实方面，人们建构自己的真实，而这些真实是人们想象力、创意、幻想以及务实需求的呈现。"超现实"这个词是由鲍德里亚提出的，他指出，对于真实以及经验，第一是人们投入直接的真实经验，第二是人们与经验以及真实的再现一同工作，第三是人们消费真实的形象，第四是人们将形象本身视为真实。进一步讲，人们生活在视觉文化之中，消费者的想象被包装成符号，被包装在无止境的符号链之中。

休闲体育产品的叙述性设计就是把体育比赛看作一场表演，一场既有演员又有主旨剧情的整体性表述，进而建立并引导一种沟通和交流，感动观众、消费者，唤起受众内心的记忆和联想。

第三节　休闲体育产品个性化定制设计策略

一、产品个性化定制设计基本概念

产品个性化定制设计的前提是差异化和个性越来越受到重视，是产品市场化细分向个性化消费进行转变的必然结果。斯坦·戴维斯认为，以单件产品的制造方法满足消费者个性化需求的生产模式，为每个消费者提供了个性化设计的产品和服务，体现出高度灵敏、柔性和集成等特点。传统的大规模批量生产的设计追求满足人的共性需求，其结果限制了人的感官功能和个性体验的满足，阻碍了消费者对产品的个性、特征、品质的追求。为了满足消费者的需求，企业采用产品多样化的方式来给消费者提供更多的选择。个性化定制根据每个消费者自己的意愿进行设计，能够使他们的需求获得最大的满足，从而创造一种独特的客户价值。

个性化定制强调企业与消费者个体的交流与沟通，让消费者直接参与到设计中，尽可能地按照消费者自己的意愿和需求进行设计，而不是闭门造车。此外，每个消费者的需求也可能包含一些新的想法，设计师可以将这些新的想法融入产品设计。因此，消费者的丰富需求体验成为企业研发的思想来源。产品个性化定制采用的是一种柔性的策略形式，其有利于提高产品适应多变市场的灵活性。当产品和服务被消费者个性化定制以后，它们的价值自然会得到提升。当企业提供的产品和服务与消费者需求接近时，产品自身将实现一种价值增值，个性化定制在设计上采用一种柔性化的方式，可以更加有效地应对不同消费者和市场的变化。

二、产品个性化定制设计实现途径

（一）产品个性化定制设计中的模块化设计和协作设计

产品设计应满足客户的差异性需求，通过科技助推个性化量产实现，借助文化充实个性化设计内涵。产品个性化定制的设计是通过最大限度采用可重复使用的设计和通用模块避免不必要的重复投入。合理的模块化设计是大规模定制产品开发的关键，模块化设计通过对产品进行功能分析，设计一系列的功能模块。通过对模块的选择可以组合构成不同的产品，以满足客户不同的个性化需求。模块化还可以利用自身的灵活性来拓展产品的使用周期，以变制变。例如，由于儿童成长很快，儿童产品淘汰率高、利用率低，为应对这类问题，可以把儿童产品设计成可组合、可调节大小、多功能的产品，从而避免资源的浪费。伴随儿童一起成长的概念成为儿童产品的一种设计潮流。组合设计、系统设计，通过变化标准组合件的组合方式，组合成不同功能的产品，可满足儿童在不同成长期对产品功能的不同要求，从而实现产品的进化。产品个性化定制还可以通过消费者和设计师共同完成产品设计，借助网络把消费者对产品的颜色以及附件组合、款式等具体要求反馈到产品的设计生产中，由消费者自己来决定产品的最终形态，如思多嘉儿（Stokke）婴儿推车可以在网络上根据消费者自身的审美取向进行颜色和款式的定制。在这种情况下，设计师的使命在于构建产品的框架，在具体的细节部分给消费者自由的发挥空间。这种为消费者提供量身定制的服务将会给消费者带来一种积极的体验。

（二）产品个性化定制设计中的体验协作设计

国内运动品牌安踏已推出定制鞋的服务。消费者可以选择外侧、内侧、鞋后套、鞋带、鞋标、鞋舌、鞋底等 7 个部位的配色进行定制。页面显示，定制产品生产周期为 4 ~ 6 周。"个性化定制服务是大势所趋，它是 90 后喜闻乐见的形式，定制化产品不仅彰显个性，还可以满足消费者的参与感与控制感，并能以此提升品牌好感度。"安踏体育用品有限公司研发实验室研究员潘紫晓透露，2017 年安踏推出了 ANTAUN 的个性化定制平台，并整合了线上与线下渠道，通过定制，可以让消费者的运动鞋外观不与其他人撞色，人人都可以搭配出一款独具特色的鞋。

事实上，随着消费升级，消费者对小众产品的心态更加开放，更乐于尝试，个性化定制已经成为许多鞋企尝试发展的新方向。从泉州本土体育品牌企业来看，特步逐步加码定制服务领域，在官方提供的几款跑鞋上提供团购定制。

目前，运动鞋定制服务主要体现在配色选择上，处于定制服务 1.0 时代，尽管如此，体育品牌仍然走出了运动鞋定制的历史性一步，在一定程度上提高了消费者的体验度，满足了消费者部分个性化需求。在网购商品中，鞋类是退货率较高的产品之一，高达 20%。而退货的原因多数是鞋码不适合或穿起来不舒适。定制服务应该努力从配色逐渐转向根据消费者个人脚型特征进行个性化推荐服务，甚至转向根据消费者的脚型数据，为他们量身定制鞋款，实现鞋类功能化定制，制作最适合消费者个人的鞋款。据了解，除了提供鞋款个性化配色之外，目前已经有一些体育品牌开始为消费者增加个性化推荐服务。作为知名跑鞋品牌，亚瑟士（Asics）就推出了个性化推荐服务。据了解，该品牌在一些地区的直营店中，设置了其自主研发的脚型测量仪，以此收集消费者足长、足围、足弓度等数据资料，然后整合所有数据，由计算机算出结果报告。根据报告，店员会为消费者推荐店中最合脚的鞋。

（三）产品个性化定制设计需打造快速响应供应链体系

如今服装定制已初步形成业态，而鞋业个性化定制还处于尝试阶段。原因在于服装生产误差可为 1 厘米，而一双舒适的鞋，其生产误差为 1 毫米。此外，制鞋需要鞋楦、消费者脚型的专用测试鞋，消费者还需要在连接足测系统的跑步机上跑上一分钟。舒适度取决于鞋楦的匹配度，这意味着每定制一双鞋就要重新建构鞋楦，一来成本较高，二来开模备货需要较长的周期。因此，制作周期较长，价格过高，市场尚未成熟等诸多因素制约着鞋类个性化定制的发展规模。要想顺利开展个性化定制，供应链快速响应是基础之一。业内人士分析，个性化定制看似容易，实则是一个巨大的挑战，其需要完成从前端销售电商到后端制造业信息化对接。通过 IT 系统看到个性化订单的设计数据及详细要求后，生产端必须进行双备料及制作。生产商需要对供应链进行柔性化改造，使其能够适应这种小批量的快速生产。目前，不论是国外还是国内体育品牌都在不断尝试供应链系统的改造，同时随着 3D 打印等技术的进步，鞋类功能化个性定制空间逐渐广阔。

三、产品个性化定制设计中的机器人应用

国内运动鞋品牌加大了在定制化技术上的投入，以加快制造过程。国产运动鞋品牌采用机器人，这种机器人能够利用静电原理装配鞋子，速度是传统工人的 20 倍。国产运动鞋品牌现在还使用机器人来黏合中底，在以前则需要人工使用胶水来涂。

第四节　休闲体育产品跨界交叉设计策略

一、产品跨界交叉设计的基本理念

产品跨界交叉设计策略是一种满足消费者多层次需求体验的整合策略形式。如今，产品跨界交叉设计已成为一种代表新锐的生活态度和审美方式的融合。品牌符号之间的相互渗透和融合，给消费者带来 1 + 1 大于 2 的关于品牌的多重立体感和纵深感。蓝色创意跨界创新实验室研究表明，成功的企业及品牌要获得跨越式的发展，就不能只是局限于产品本身。对于消费者而言，产品"是什么"不再是唯一重要的要素，更重要的是产品"代表着什么"，这意味着企业要为产品寻找到新的意义。"寻求意义"成为"右脑时代"的一大标志。

"跨界"一词最初来自篮球领域，本义是指"胯下交叉运球"。之后"跨界"一词被引入时尚界，英文称为"Crossover"，指的是两个不同领域的合作。在时尚界，跨界已经成为一种风潮，它代表着一种新锐的生活态度和审美方式的融合。在跨界整合中，行业的差异性非但不是障碍，相反还意味着更多的创新机会。新的创

见的产生恰恰源于视角的转换和常规的打破，让原来不相干的领域元素互相渗透、相互融会，从而带来一种新的时尚观念。

跨界是设计思维的嫁接与叠加酝酿出的一种全新的再造，是一种新的创新方式，它通过元素与元素的组合、联结、逆向，提高创新和融合能力，以寻找共同价值等手段实现增长目标。跨界也是一种包含价值创造、工作方法创新和行为策略在内的完整的认识论、方法论和价值论。

二、产品跨界交叉设计策略的基本形式

产品跨界交叉设计策略一般包括两种形式：一种是同一行业不同类别产品的跨界，形成具有双重功能和体验价值的产品，产品可以一分为二，也可以合二为一，如三轮车与推车的跨界交叉。另外一种是不同行业的产品进行跨界。跨界交叉设计其实就是突破原有限定的界限，进行一场资源的有效整合，这种做法当然比常规做法更容易成功，如将学步车与F1赛车的跨界交叉形成体验价值。品牌语言的重叠与互动拓展了产品的品牌内涵。《设计》（*Designs*）杂志将品牌组合列为21世纪最流行的新品牌文化。国内知名的儿童产品品牌"好孩子"与迪士尼品牌文化的牵手，将迪士尼文化融入儿童产品设计，给消费者带来一种新的文化整合体验。

跨界显然正在成为一种普遍性的行动策略，但跨界并不只是一种面向当下的行为策略，还需要有坚实可靠的价值、依据、原则和立场。

第四章 休闲体育产品用户体验
和用户心理需求

第一节 休闲体育产品用户体验

一、用户体验休闲体育产品设计

（一）用户体验休闲体育产品设计的概念

用户体验休闲体育产品设计是指对界定明确的用户群体的共性的良好使用经验进行实验的休闲体育用品计划、设想和规划。用户体验产品设计是 20 世纪末期，由美国著名设计师唐纳德·诺曼提出的，其概念是根据用户的习惯和喜好对产品服务功能进行规划、设想和实验。安踏公司是国内最早根据用户的运动喜好进行产品设计的公司，安踏根据用户的足底形态和运动过程中的发力特点，进行全新的运动鞋实验设计，通过体验者试穿的反馈更好地完善产品，该产品与用户的互动性联系比传统的体育运动产品更加紧密。

（二）用户体验休闲体育产品的设计要素

1.用户体验休闲体育产品的功能

休闲体育产品的功能主要是根据用户在实际体育运动过程中的使用需求而设计的，更加注重实用性和可靠性。实用性是用户在使用休闲体育产品之后良好的心理体验，这种心理体验可以在用户当中交流传播。突出休闲体育产品的可靠性是让用户有安全感，保证休闲体育运动的顺利开展。通常，休闲体育产品具有常规功能和特殊功能两种属性。顾名思义，常规功能就是指所用的休闲体育产品都具有的运动功能。特殊功能则是休闲体育产品本身所具有的特殊属性，如同为运动鞋，篮球运动鞋更加注重对脚踝关节的保护作用，因此篮球运动鞋多采用护脚踝设计；而足球运动鞋则要保证脚踝关节的灵活性，因此足球运动鞋多采用低帮设计。

2．用户体验休闲体育产品的结构

休闲体育产品的结构是满足休闲体育运动需求而针对材料特性的放大的顺延或改变以及将若干种材料结构有机结合的过程。休闲体育产品结构的合理与否主要看是否能够满足用户实际休闲体育运动的需求，能否达到预期的理想效果。良好的体验式休闲体育产品的结构应具备实用性和耐用性两个方面的特点，如目前我国城市校园的运动场地已经基本完成了塑胶场地的建设，塑胶场地不仅具有更优于传统沙土场地的弹性，极大地减少了运动过程中对机体产生的损伤，而且从使用寿命上而言也远远优于传统沙土场地。由此可见，用户体验休闲体育产品的结构不仅要贴合用户的运动需求，更要持续提供完善的服务。

3．用户体验休闲体育产品的材质

材料学的快速发展为休闲体育产品的原料提供了更多的选择，同一种休闲体育产品可以用不同材料进行生产，进而形成不同材质的产品。用户体验休闲体育产品设计应充分考虑用户的使用偏好，尊重用户在使用过程中产生的心理感受。以运动服装产品为例，用户在材质的选择上表现出纯棉质和轻薄纤维材质的两种主要分化。选择纯棉质的用户认为，棉质属于天然原料，亲肤性好，对皮肤伤害小、吸汗性强；而选择轻薄纤维材质的用户则认为此类运动服装产品具有体积小、重量轻、透气性强、排汗迅速、易保持干爽的特点。

（三）用户体验休闲体育产品的设计原则

1．注重科技投入，实现超越设计

用户体验休闲体育产品设计的对象并不是休闲体育产品本身，而是针对休闲体育产品用户的需求进行服务。设计的根本目的在于满足用户从事体育活动时的各种主观需求，这也是评价用户体验休闲体育产品设计是否合理的主要指标。为了更好地满足用户的主观体验需求，设计时应积极引入先进的科学技术。休闲体育产品的设计具有一定的时代性和超前性，一些体育用品公司根据女性跑步用户的特点，将互联网和运动医学结合，设计出了适合减肥女士的跑步终端监测设备。该设备可以根据用户的实际需求设定运动量，提供运动数据的参考，十分受减肥女士的喜爱。

2．坚持"以人为本"的设计理念

随着我国体育运动的蓬勃发展，人们愈发认识到了用户体验休闲体育产品设计的重要性，对人性化、科技化的休闲体育产品的需求不断增加，体验式的休闲体育产品已经成为未来我国休闲体育产品设计发展的必然选择。这就要求我国休闲体育产品的设计始终坚持"以人为本"的理念，在实际设计、实验过程中，始终把用户的需求作为出发点和落脚点，注重用户在使用过程中的情感体验。产品不仅要满足用户运动需求，更要使用户在使用过程中体验到产品的科技、文艺和服务，使产品和用户之间形成一种紧密的联系。

二、用户体验的六个维度

体验的维度结构已从早期基于主观感知的体验维度演进到当下主流的基于心理学模组的体验维度。以心理学模组理论为基础，体验可以分为以下六个维度。

（一）感官成分

感官成分即影响用户感觉的成分，包括视觉、听觉、触觉、嗅觉、味觉，这些可以引起用户的兴奋，使其对产品感到满意。

（二）情感成分

提供超出设计范围或者用户预期的设计，让用户以感恩之心去享受使用产品的过程，过程中的情绪感受即为情感成分。

（三）认知成分

认知成分即用户消费前对产品的认识产生的思考，是决定产品是否被用户心满意足地消费的一个前提。

（四）实用成分

实用成分与产品的实用性相关，不同的用户对产品是否实用有不同理解。

（五）生活方式成分

生活方式成分是反映用户自身的价值观与信仰的成分。

（六）关系成分

关系成分是反映用户社会背景的成分。一个产品用户体验好坏的关键，在于产品能否让生而为人的孤独感在使用产品的过程中得到缓解；在于产品能否让人们生命存在的轨迹在使用产品的过程中得到保存；在于产品代表的精神能否给予用户勇敢面对生活的勇气。产品涉及的体验维度越充分，用户就越会感到幸福。

三、用户体验设计中的休闲体育产品特征

用户体验设计中的休闲体育产品同样包括两类，即休闲体育用品和休闲体育服务产品，它们都具有如下特征。

（一）游戏化、娱乐性

德国思想家席勒在《审美教育书简》中有个著名论断："只有当人是完全意义上的人时，他才游戏，只有当人游戏时，他才完全是人。"在体验经济时代，产品的游戏化、娱乐性正是人们本性回归的体现，是人们日益追求一种休闲的、愉悦的生活方式的体现。娱乐不仅是一种古老的体验，在当今也是一种更高级的、最普遍的体验。由于社会、经济的急剧变化，设计风格和观念也发生着迅速的变化，一种游戏化、娱乐性、不确定的设计风格日益影响着产品设计。

（二）人性化、互动参与性

体育经济本身是一种开放式、互动式的经济。体验设计的终极目标之一便是人的自主性。产品作为道具，应该给予消费者更互动、更独特的体验，以获取充分的人性化的体验价值。在体验经济时代，产品的人性化、互动参与性表现在两个方面：一是在设计、生产过程中的大规模定制。人们的消费需求已由低层次的物理功能需求转向高层次的精神功能需求，产品的差异性、人性化成为人们选择产品的价值取向。大规模定制有效地满足了顾客的特殊需求，提供了质优价廉、充满人性的产品。三维模拟技术为大规模定制奠定了基础。二是在使用过程中的 DIY（Do It Yourself）。消费者根据自己的个性购买模块化的产品部件，按自己的需要组合。当然，在使用过程中，最高层面上的参与和互动来源于人与产品的情感交流。

（三）情感化、纯精神性

当前，消费者是根据感性和意向来选择商品的，社会已进入文化和精神的消费时代。根据马斯洛需求层级理论，体验设计将传统设计对人的生理和安全等低层次的需求的关注扩大到对消费者的尊重及自我实现等高层次的精神需求的思考。体验

是认知内化的催化剂，它起着将主体的已有经验与新知衔接、贯通，并帮助主体完成认识升华的作用，它引导主体从物境到情境，再到意境，产生感悟人的三个情感体验阶段。重视对顾客的感官刺激，加强产品的感知化。一种体验越是充满感觉就越是值得记忆和回忆。为使产品更具有体验价值，最直接的办法就是增加某些感官要素，增强顾客与产品相互交流的感觉。因此，设计者必须从视觉、触觉、味觉、听觉和嗅觉等方面进行细致的分析，突出产品的感官特征，使其容易被感知，创造良好的情感体验。只有如此，人与产品之间才会形成互动的关爱情境，产生丰富的、独特的体验价值。

四、用户体验应该考虑丰富的情感需要

（一）用户体验应该关注潜在的、深层次的情感需要

用户体验是联系消费者和产品的非常重要的概念。在设计领域，用户体验设计主要重视认知效率和愉悦的过程，通过研究信息处理过程中的人类能力、限制和倾向以降低认知负荷，从而减少错误，提高效率和用户体验，这对于以人为中心的产品和系统的设计发展来说是非常重要的原则和方法。但是，产品设计中的用户体验只关注认知效率，忽略了人们所需要的丰富的、多层次的情感需要。用户体验应该关注这些潜在的、深层次的情感需要，以达到更好的人机交互效果。应用情感设计的方法和策略进行设计，研究每个消费者对具体产品的真情实感，通过测量、分析、建模，可以有效实现情感需要到产品设计参数的转换。情感在本质上同样会影响人类的信息处理过程，如判断、决策和解决问题。这些观点被用到多种研究实践中，用于改善情感和用户体验。在市场营销界，大量的研究集中于消费者对于广告和品牌的情感反应。情感对于消费者行为的作用同样被重视，如购买决策和判断。许多设计研究还致力于研究享乐主义、情感反应和期望。在这样的形势下，设计师可以积极介入产生积极情感影响的产品和专注于用户的情感需求，以提升用户形成的丰富的情感体验。

（二）情感设计中三个需求层次的追求

情感设计中三个需求层次的追求，即美观性追求、可用性追求、象征性追求。产品情感设计中的情感反应其实是对产品引发的各种复杂情感的主观感受，并最终形成关于"体验"的记忆。产品情感设计过程中的美观性、可用性、象征性关系着

用户的体验。如果在设计中良好地实现这些方面的诉求，用户就会产生愉悦的情感体验，最终影响用户的购买行为，并逐渐形成用户对消费产品的忠诚，使企业取得产品市场竞争的优势。

1. 美观性追求

产品的美观性是凝结在产品当中的一种艺术特质，主要体现在产品对消费者的吸引力，或者是消费者对产品吸引力的反应上。人们在与产品发生交互时候，首先会通过感觉器官获得信息输入，同时根据产品的形态、色彩、材质、肌理等要素进行审美判断，最终获得愉悦的情感体验。根据唐纳德·诺曼的情感设计层次理论，美观性追求先于人们的意识和思维，属于本能水平的设计。如果产品的造型设计不能引起消费者的注意和兴趣，那么就不能吸引消费者去接近和使用产品。在产品的情感设计中，为使产品满足用户的美观性追求，设计师必须提高艺术修养和美学追求，从视觉、触觉、嗅觉、听觉、味觉等感官通道组织和塑造产品的各个设计要素，以创造良好的审美体验及情感体验。产品的美观性不仅带给消费者精神的享受，也使得他们的生活充满欢乐和激情。

2. 可用性追求

情感设计中的可用性追求主要着重产品在特定使用环境中的功效及用户满意度。产品情感设计中，应该充分研究用户的概念原型，减轻用户的信息负担，同时利用各种设计语言使产品具有良好的自明性。在唐纳德·诺曼的情感设计层次理论中，可用性追求属于行为水平的设计，用于传达产品的使用功能、使用方式及使用效果。产品的可用性追求带给消费者一种承诺，建立起人与产品之间的信任感和亲密感。

3. 象征性追求

随着社会物质的巨大丰富，人们的个性需求逐步提升，产品的差异化特征变得越来越明显。产品的面貌不再千篇一律，越来越成为一种身份、文化、观念、习俗、时代的象征，并通过造型要素传递出来，成为功能之外的附加价值，这些成为产品情感设计中的象征性追求。依据唐纳德·诺曼的情感设计层次理论，象征性追求主要基于本能层次和行为层次的美观性和可用性体验，结合更高级的感觉、情绪及知觉，将体验思想和情感完全交融。总的来说，产品的象征性追求主要涉及产品为人们带来的个人意义和社会价值，这些将为消费者带来强烈的自信和超越的情感体验。

第二节　休闲体育产品用户心理需求

心理需求是用户个人心理内部感到的一种愿望，是用户行为的原动力。用户的需求只有在用户本身的有机体组织内对某种事物感到缺乏或渴望时才会产生，一般由内在刺激物与外在刺激物引发。

一、休闲体育产品用户心理需求是高层次的需求

按照马斯洛需求层次理论，人的需求可分成生理需求、安全需求、社交需求、尊重需求和自我实现需求五个层次，能够消费起休闲体育产品的用户往往都是已经进入小康乃至富裕生活水平的中产阶层，他们一般追求社交需求、尊重需求和自我实现需求，即高层次的需求。在休闲体育产品设计中应该更多地考虑高质量、高科技、高附加值、高品位、新时尚、新时代潮流等。

二、休闲体育产品用户追求健康、向上的心理需求

在休闲体育产品设计过程中应该始终遵循满足用户需求的宗旨，所设计的新产品应满足用户追求健康、向上的心理需求，无论是休闲体育用品还是休闲体育服务产品都要朝这个方向靠拢。大型户外竞技真人秀节目《奔跑吧》属于典型的电视节目类休闲体育服务产品。《奔跑吧》充满正能量，注重健康理念的传播，"娱乐""阳光""健康"是《奔跑吧》的三个关键词。在节目中，导演组一方面有意识地强调艺人和普通人通力合作、永不言弃的拼搏精神；另一方面更多地融入文化元素，打造中国特色的"跑男"文化。西湖、敦煌、乌镇、洛阳、西安、武汉等地的风土人情在节目中展现，在给观众带来快乐的同时，也极大地展现了各个地方的民俗风情。此外，该节目善于把握受众心理变化，加入社会热点元素，节目在内容设计和嘉宾参与方面结合当前社会热点和舆情走向考虑，设定了悬念性、趣味性和时代感兼备的游戏任务，选择一些舆论认同度和关注度较高的艺人加入，极大地提升了收视率。

三、休闲体育产品广告诉求符合用户正面的心理需求

当新产品设计成功并推出后，广告诉求是否准确到位对销售效果的影响也非常大。当年，美国某企业向市场推出其新产品"一次性尿布"时也很不顺利，在产品

推广初期，该企业将广告诉求的重点放在方便使用上，结果销路不畅，后经调查了解，仔细分析消费者的心理，方知该尿布虽然被母亲们认同，确实使用方便，省去洗尿布的麻烦，但广告关于省时省力的宣传却使她们产生了心理上的不安，如果仅仅是方便使用而无其他品质，那么，购买、使用这种"一次性尿布"只是为了图省事，自己就好像成了一个懒惰、浪费的母亲，婆婆也会因此责备自己。鉴于此，该企业新的广告策划针对这种心理进行了调整，广告诉求的重点发生了改变，着重突出该尿布的布质更好、更柔软，吸水性更强，更能保护皮肤，更卫生、更舒服等特点，把产品利益的重点放在婴儿身上，淡化了对于省事方便的描述。其广告语是："让未来总统的屁股干干爽爽！"于是，"一次性尿布"受到了母亲们的欢迎，因为它既满足了她们希望婴儿健康、卫生、舒适的愿望，又使她们可心安理得地避免懒惰与浪费的指责，同时兼顾了两方面的心理需求。从此，"一次性尿布"在美国流行起来。

四、休闲体育产品用户心理需求的发展性和差别性

随着社会经济的发展，人们的需求不论是从层次上还是从内涵和外延上看都是发展变化的，主要表现为需求的层次发展规律在变。马斯洛认为，人们对五个层次的需求严格地按照顺序从低级到高级逐步发展，人们只有在低层次的需求得到满足后才会产生与追求高层次的需求，任何超越与颠倒都是非正常的。人们同时存在着对五个层次的需求，只是由于所处的环境及具体状况不同，五个层次的需求在他的人生追求中所占的比例不同而已。例如，一个处于恶劣环境中的人，一个收入低、受教育少的人，往往以追求生理需求的满足为主，但他也存在对情感或其他层次的追求，就目前的现实处境，他的基本需求是一双外观好看、合脚的运动鞋，然而，在热恋等特定的情况下，或许他也会带女朋友去蹦极。同样，一个收入高、受过高等教育且生存环境优越的人，也许会把对知识的追求或对尊重的需求放在第一位，但不能说他没有生理需求，而只能认为对他而言，生理需求与安全需求是被放在很次要的位置的需求。

需求的差别性是指用户需求的多样性和差异性。由于收入水平、文化程度、职业、性别、年龄、民族和生活习惯的不同，不同用户自然会有各式各样的爱好和兴趣，其需求也是千差万别、多种多样的。

五、休闲体育产品用户心理需求的联系性和可诱导性

用户需求在某些休闲体育产品上具有联系性，用户往往顺便联系购买。例如，

购买运动鞋时，可能附带购买运动袜、护踝等，设计、经营有联系的产品，不仅会给用户带来方便，而且能增加产品销售额。需求的可诱导性是指通过营销人员、设计人员的努力，用户潜在的需求可以变为明显的行动，未来的需求可以变成现实的消费。例如，人们原来并没有准备在近期购买某种产品，但由于新产品问世或广告宣传的影响，就会由不准备购买或不准备现在购买而产生强烈的购买冲动。

六、休闲体育产品用户心理需求的转移性

需求的转移性是人们对能满足某种需求的具体产品的购买和消费在群体内、群体间以及时间、地点的转移和扩散规律，具体表现为：①需求在群体内的转移规律。例如，一群人中，总是个别人成为同群人的消费"领袖"，这些消费"领袖"往往是一些信息灵、家境好、收入高、勇于接受新事物的人。由于他们的购买与消费起到了示范作用，引起了周围追随者与崇拜者的模仿。于是，一类产品或一种消费便在一个群体内传播与扩散开来，攀比心理与从众心理则加快了这种传播与扩散。②需求在群体间的转移规律。同一人群在某个具体时期内趋向于对同类产品的需求，这种现象按其持续时间的长短被称为"热""潮""流行""时尚"等，而"热"与"时尚"都有从高收入层向低收入层、从高社会地位层向低社会地位层蔓延的现象。最近几年，潮流品牌运动鞋在"90后""00后"中迅速爆火起来。商家通过官方App登记摇号、实体店排队抽签、饥饿营销、沉浸式体验、社交平台释放聚合效应等新式营销手段，再利用中学生等特定人群需求的转移性、扩散规律、攀比跟风心理，引发线上线下的花式抢购。③需求的时空转移规律。它是指需求在更大的时空范围内转移的规律。由于历史、地理、文化与经济等方面的原因，需求会按照一定的方向顺序进行转移，一般由发达地区向不发达地区转移。例如，在我国，购买与消费有由南向北、由东向西、由沿海向内地、由中心大城市向郊区再向边远农村转移的规律。此外，需求还会有周期性重复出现的特点，这是体现在时间上的一种转移性。

第三节 休闲体育产品消费者购买动机与设计定位

动机是引起和维持个体活动并使之朝一定目标和方向发展的内在心理动力。

购买动机则是指为了满足一定需要而引起人们购买行为的欲望或意念。在现实生活中，每个消费者的购买行为都是由其购买动机引发的，购买动机是推动消费者

进行购买活动的内部动力，而动机又是因人的需要而产生的。

一、休闲体育产品消费者的一般心理特征

（1）想要获得健康、时间、休闲、安全感、赞赏、舒适、青春与美丽、成就感、自信心、成长与进步、长寿、自由、轻松等。

（2）希望成为好的父母，好的子女，容易亲近的、好客的、现代的、有创意的人，对他人有影响力的人，有效率的人，被认同的人。

（3）希望表达他们的人格特质，保有私人领域，满足好奇心、模仿心，欣赏美好的人或事情，获得他人的情感。

（4）希望拥有别人"有"的东西，别人"没有"的东西，比别人"更好"的东西。

二、休闲体育产品消费者的购买动机

（一）商品动机

商品动机，其实就是实物需要。商品动机可分为感情的动机和理性的动机。感情的动机是指消费者对某一特定产品并不十分慎重地考虑到必须购买的理由而产生了冲动的购买行为。例如，有位消费者在逛体育服装商店时看见广告中一位自己崇拜的体育明星正穿着某一牌子的运动服打球，虽然他并无购买此品牌运动服的打算，却因为与广告有强烈的情感共鸣而去购买了此产品。感情的动机具有暗示、描写、联想的作用，因此，动人的店头广告、颇具魅力的店头陈列、卖场演出讲解都会造成消费者不由自主的"冲动性购买"。

理性的动机是指对某一特定商品的购买必须充分考虑其实用性，如有关休闲体育器材的电视广告常强调其坚固、耐用、便利和经济性，此即"理性的讲解"。理性的动机通常出自产品的合理性、便利性、品质一致性、价格经济性、售后服务信赖性等几方面。

通常，很多产品广告先做理性诉求，先告知消费者他们迫切想知道的产品内容、成分、使用方法等，之后再诉求"感情面"，像浪漫的气氛、幸福的充实感等，无非向消费者诉说物质并使之享受所带来的精神满足。

（二）审美娱乐

无论是休闲体育用品还是休闲体育服务产品，消费者都有对产品美的追求和向

往，如户外达人热衷于户外运动装备的"酷"，年轻人钟情于休闲运动服装的"潮"，家长们醉心于孩子休闲运动服装的"绚"。而休闲体育活动或竞赛场面的华丽和热闹则让参与者心旷神怡，陶醉其中。消费者购买休闲体育产品时在相当程度上有审美的动机存在。只要看看自行车运动爱好者和户外运动达人在装备上的高规格，再瞧瞧广场舞迷们艳丽整齐的打扮，审美娱乐的动机是不言而喻的。

（三）身心健康

身心健康是任何从事休闲体育运动的人都具有的最重要的功能性动机。当今中国，身心健康已经被城市居民当作一种生活目标，为了实现这个目标，他们乐意在休闲体育产品上消费，乐意为健康投资。

（四）社会交往

人们加入休闲体育俱乐部，参加各种休闲体育活动，一个很大的动机就是获得归属感，扩大社会交往面，融入社会圈子。购买休闲体育产品或参加休闲体育俱乐部活动，无形中得到更多与人交往的机会，扩大了视野，提升了自己的认知，何乐而不为！

（五）体育成就

体育运动典型的特征之一就是发挥出人体的最大潜能和专项运动技能，在竞技比赛中摘金夺银，争取优异成绩，获得体育成就。这也是马斯洛需求层次理论中追求自我实现需求的过程。休闲体育运动同样有竞技的元素，显而易见，实现体育成就是休闲体育产品的购买动机之一。

（六）攀比表现

随着社会交往的增多，人们往往生活在各式各样的小圈子里。基于不同的心理体验，尤其是优越感体验，现代社会中攀比现象越来越严重。人们总希望拥有别人"有"的东西，希望拥有别人"没有"的东西，希望拥有比别人"更好"的东西，对休闲体育产品的消费也不例外。

（七）爱顾动机

消费者经常走向某商店购买东西，并且成为该店的"固定消费者"，从感情上分析，是由于此商店具有迷人的卖场气氛和扣人心弦的陈列效果，或此消费者习惯于此商店的服务态度和交易行为，或源于对产品信赖感而习惯使用此商店的所有产品；从理性上分析，主要是此商店具有价格低廉、品质优良的特点，商店声誉良好，或有令人满意的服务态度，或购买场所交通便利，或购物所需时间较短。

三、休闲体育产品消费者的购买心理过程

消费者对某产品从被引起注意到购买满足为止，其中的心理变化过程有一定的程序，即注意—兴趣—欲望—信赖—决心—购买—满足。每一位促销人员都应该掌握这个程序中每一阶段的特性，并采取相应的推销措施。

（一）注意阶段

在注意阶段，要充分利用产品陈列的三原则，即易视、易摸、易选择比较，充分利用视觉效果使消费者清楚地意识到产品的存在。

（二）兴趣阶段

在兴趣阶段，要保持随时应答消费者的状态，不应该有"不在乎"的情绪以及"杂谈"或妨害顾客的行为；要留意产品的提示及说明，以使消费者充分了解欲购产品；多留意适应消费者感情的应对方法。

（三）欲望阶段

在欲望阶段，要强调销售重点（功能、功效、价格）；不要阻挡消费者的欲望，留意应对方式，请消费者实际试用。

（四）信赖阶段

在信赖阶段，要以耐心和诚心来接待消费者，绝对不要以暧昧模糊的态度来应付；将产品内容以能使对方满意的方式，加以合理的说明，用顺从消费者的嗜好与想法的方式来介绍。

（五）决心阶段

在决心阶段，要尊重消费者的决定，绝不可有强迫性的推销行为。

（六）购买阶段

在购买阶段，要心平气和，不要忽略结账、包装时的服务意识。

（七）满足阶段

促销人员要注意不要过分夸大产品的效用，避免引起消费者对产品过高的期望。另外，促销人员可以适时提供一些支持消费者购买行动的资料，如提出已有多少使用者、刊出喜爱此产品的消费者的正面使用意见等，以坚定消费者的购买信心。

四、休闲体育产品设计定位

（一）产品基本功能

这是作为一名消费者最理性的追求，购买产品最基本的目的就是实用性，就是产品的基本功能。针对休闲体育有形产品而言，这些产品的基本功能不外乎是健身、休闲、娱乐，休闲运动服装和运动鞋的时尚、美观、实用，户外运动装备的轻便和智能化，休闲运动器材的便携与易操作等。

（二）产品安全性

参加休闲体育运动，尤其是户外运动，存在一定的风险。休闲体育产品在设计、制造过程中必须充分考虑到安全性问题，每一个环节都要把好质量关，保证消费者使用这些产品时有可靠的安全保障，让消费者完全信赖所使用的休闲体育产品，无后顾之忧，全身心融入休闲体育活动。

（三）产品经济性

伴随着人们健身意识的觉醒和健身方式的多元化，休闲体育已经进入寻常百姓家，但人们在选购休闲体育产品时经济实惠仍是一大考虑因素。因此，企业在设计和生产休闲体育产品过程中既要注重产品的优质、时尚、智能，也要考虑到产品的经济性，尽可能生产出性价比高、物美价廉的休闲体育产品。

（四）产品便利性

未来休闲体育产品都是朝着便利性方向发展的，主要表现为轻巧、便于携带、多功能、易组合拆卸。伴随着芯片和人机对接的深入应用，休闲体育产品的智能化程度会越来越高，通过意念发令、人脸识别、语音口令、眼膜、指纹等就可以轻易操纵休闲体育产品，还可以获得运动过程中各项重要指标信息，便于及时调整运动量和运动负荷，准确把控好安全系数。

（五）产品审美功能

爱美之心人皆有之，休闲体育产品消费者同样有此追求。休闲体育产品设计者要有优秀的审美观和敏锐的时尚潮流眼光，适时推出消费者喜闻乐见的休闲体育产品。就户外运动装备而言，"酷"劲足不足，往往决定了产品的销量好不好。

（六）产品情感功能

消费者对休闲体育产品的需求已不仅仅停留在对产品基本功能的需要上，按照马斯洛的观点，投身于休闲体育活动的消费者是在满足了生理需求和安全需求之后，进一步寻求社交需求、尊重需求、自我实现需求，其中就融合了情感功能。尤其是第三层次的社交需求，包含着友情、爱情、性亲密等情感元素，典型的例子是休闲双人情侣自行车，它充分体现了情感功能。

（七）产品象征性

顾拜旦曾经说过，体育的本质是和平年代的战争。但是这是更加文明和进步、合理而且合法的战争。与带来大量的生命戕害与社会破坏的真正的战争相比，体育竞赛非但不会带来巨大的灾难，还能让人们从中受益。休闲体育产品的设计不能单纯地只考虑功能需求，还要从体育的"战争"本质、体育的游戏溯源实质、休闲体育的多维功能去探索。例如，CS（反恐精英）游戏就让青少年玩起来意犹未尽。

第五章　休闲体育产品创新设计定位和绿色设计方法

第一节　休闲体育产品创新设计定位

休闲体育产品创新设计定位必须抓住以下四要素。

一、全面挖掘休闲体育产品本身的特异点

众多营销专家和学者一再强调产品的市场定位，并不是要对产品做什么事情，而只是对产品在未来的潜在消费者的脑海里确定一个合理的位置，也就是把产品定位在其未来潜在消费者的心目中。定位可以看成对现有产品的一种创造性试验。定位的基本原则不是去创造某种新奇的或与众不同的东西，而是去"操纵"人们心中原本的想法，去打开联想之结，目的是要在消费者心目中占据有利的地位。唯有如此，方能在市场上占据有利的竞争地位。因此，休闲体育产品定位的基础工作就是要全面透彻地研究休闲体育产品的各种属性，以期从众多属性中挖掘出能让人眼睛一亮的、直击心灵的定位点。

对休闲体育产品属性的研究有很多方法，最简单方便的是属性排列法，即把休闲体育产品所有可能想到的属性一一排列出来，对每一属性进行纵向和横向分析。纵向分析就是客观地描述出休闲体育产品每一种属性的具体内涵和表现，横向分析就是与主要竞争对手休闲体育产品的同种属性进行比较，评估每一种属性与竞争对手休闲体育产品的相同属性相比的优劣，优劣的重要标准是能否凸显产品的特异性。基于纵向和横向的属性分析，排列出可以选用的休闲体育产品属性。

二、深入了解竞争对手休闲体育产品明确的定位

在筛选排列出定位中休闲体育产品可用的属性后再进行差异化剔除，就是把已

经被市场上其他竞争对手的休闲体育产品定位使用或表现过的属性予以剔除。因为首因效应的作用，消费者往往会深刻记住最初接触到的休闲体育产品定位，把休闲体育产品的这种定位形象牢固地与特定品牌关联起来。竞争对手如果已经通过定位把某种独到的休闲体育产品属性形象和特定品牌留在消费者的心里，那么后来者要想改变消费者的这种心理印象是比较困难的，甚至定位沟通的效果还会被先入休闲体育产品吸收，反而会强化先入休闲体育产品的个性形象。因此，在休闲体育产品定位中，对市场上所有竞争对手的休闲体育产品定位都要进行深入研究，避免休闲体育产品定位的雷同。寻找市场定位的空隙，是成功定位的关键所在。

研究竞争对手的休闲体育产品定位，可以通过排比图法进行。所谓排比图就是将挖掘出来的各休闲体育产品属性排列出来，在每一属性上分别分析比较各个竞争品牌的各自定位表现，找出各竞争对手休闲体育产品定位利用的产品属性，最后在此基础上确定本企业休闲体育产品定位中应该避免利用的产品属性。

三、充分研究消费者对休闲体育产品的价值追求

休闲体育产品定位中，产品独到的个性形象应该从哪个属性中提炼，除了要考虑竞争对手休闲体育产品已经或将要定位的属性外，还要充分研究目标消费者购买休闲体育产品时最重视的是哪些属性。消费心理学研究表明，能和消费者当前需要密切相关的信息，最能引起消费者注意并使其留下深刻印象进而产生兴趣。休闲体育产品的定位点和消费者购买该休闲体育产品时所看重的属性点不一致，这种定位自然就不会吸引消费者的兴趣，当然也不会引导其产生购买行为。因此，休闲体育产品定位中，从休闲体育产品众多属性中提炼定位点时，必须考虑目标消费者对该休闲体育产品最关注的属性是什么。

对筛选出来的可供定位的休闲体育产品属性进行差异化剔除后，并不意味着定位点就可确定下来了，还需要针对目标消费者的需求进行针对性剔除。也就是说，差异化剔除后保留下来的休闲体育产品属性并不一定都是目标消费者感兴趣的，也不一定是目标消费者在购买该休闲体育产品时特别看重或在乎的属性。因此，还需要对目标消费者购买该休闲体育产品时注重追求的价值进行分析研究，剔除不符合消费者需求的、消费者不太关注的产品属性。

需要明确的是，如果经过上述筛选剔除后，依然保留有多个可以选用的休闲体育产品属性，这时就需要结合企业的技术能力、企业历史、资源优势、核心竞争力等因素进行优化选择。如果经过筛选剔除后，没有剩下任何可供选用的休闲体育产

品属性，则需要重新进行休闲体育产品属性挖掘，重新进行属性排列分析。

四、大力加强定位的宣传沟通工作

经过前述定位分析决策后，确定了休闲体育产品定位点，但这并不意味着定位工作的完成。休闲体育产品定位成功的最高境界应该是当消费者见到或想到某个品牌的休闲体育产品时，能立即联想到该品牌休闲体育产品的某种个性特点；反之，当消费者想到该类休闲体育产品的某个个性特点时，也能立即联想到某个特定品牌。

上述几方面工作完成了，只是提出了一种定位主张或定位方向，只是形成了休闲体育产品定位的基本概念，休闲体育产品的个性形象也还只停留在企业自己心中，目标消费者并不知道该休闲体育产品的个性。因此，定位工作的另一个至关重要的要素就是需要大力进行定位的宣传沟通。只有通过宣传沟通工作，把确定下来的休闲体育产品的独特个性形象与凝结定位内涵的具体符号或品牌特性告诉目标消费者，让其知晓、熟悉，才能让目标消费者对该休闲体育产品的鲜明特点产生差异性的深刻印象，目标消费者才有可能基于对休闲体育产品独特个性形象的熟悉和喜爱而形成品牌偏好，这种品牌偏好会引导消费者在选购该品牌商品时产生有利于促进其购买的休闲体育产品定位的联想。

全面挖掘休闲体育产品本身的特异点、深入了解竞争对手休闲体育产品明确的定位、充分研究消费者对休闲体育产品的价值追求、大力加强定位的宣传沟通工作这四个要素，是休闲体育产品定位的核心内容。除此之外，细分市场、确定目标消费者，是休闲体育产品定位的前提。定位决策过程中，还应充分考虑企业本身的实际情况，运用 SWOT 分析方法，明确优劣势、市场机会和存在的威胁，再运用合理的定位策略，这样才能避开休闲体育产品定位的误区，保证休闲体育产品定位的成功。

第二节　休闲体育产品绿色设计方法

随着科学技术的发展，新产品不断涌现，改变着人们的生活方式，但是伴之而来的资源及环境问题，使人们不得不关注产品在生产和使用过程中的资源消耗问题以及对环境污染的影响。传统的产品设计理论与方法，是以人为中心，以满足人的需求和解决问题为出发点进行的，而无视后续的产品生产及使用过程中的资源消耗以及对环境的影响。因此，传统产品设计理论与方法必须进行改革与创新，有必要对产品的绿色设计加以讨论，要求设计师从大环境出发进行设计定位，将重点放在设计的创新上面，在新产品设计中运用绿色设计，以一种更为负责的方法去创造产品的形态，在满足产品基本功能的条件下，尽量简化产品结构，用更简洁、长久的造型使产品具有尽可能长的使用寿命，使设计更完美。

一、绿色设计概述

（一）绿色产品的属性

绿色产品是指能符合特定的环境保护要求，且满足用户使用要求，并在其寿命循环周期中（原材料制备、产品规划、设计、制造、包装及发运、安装及维护、使用、报废回收处理及再使用）能经济性地实现节省资源和能源、极小化或消除环境污染，且对劳动者（生产者和使用者）具有良好保护的产品。简单地讲，绿色产品就是指在其生命周期全过程中达到环保要求，对生态环境无害或危害极小，资源利用率最高，能源消耗最低的产品。绿色产品的属性由产品的基本属性、环境属性、资源属性、能源属性、经济属性及社会属性组成。

基本属性：基本属性是指根据市场及用户需求所确定的产品最基本的性能参数，主要包括产品的功能指标和质量指标。

环境属性：环境属性是绿色产品不同于一般产品的主要特征之一。环境属性指标包括水环境指标、大气环境指标、土壤污染指标、噪声指标、固体废物指标等，不同产品有不同的环境属性指标。

资源属性：这里所说的资源是广义的资源，包括材料资源、设备资源、信息资源和人力资源，是绿色产品生产的最基本条件。材料资源指标用产品的材料利用率、材料种类等表示，反映了产品生产中材料的有效利用程度；设备资源指标包括设备资源利用率、设备资源优化配置等，是衡量绿色产品生产组织合理性的重要指标；信息资源指标和人力资源指标反映了企业的人员素质和对社会及用户的责任感。

能源属性：节约和充分利用能源是绿色产品的又一大特性。能源使用量减少，也就从另一个侧面节约了资源，减少了环境污染。绿色产品与能源有关的主要指标如下：产品生产及使用中所用能源类型；产品生产中的能耗；产品运输、使用及回收处理中的能耗；产品生命周期中再生能源及绿色能源的使用比例。

经济属性：制造业绿色产品的经济属性是面向产品的整个生命周期，因而与传统的经济属性（成本）评价有着明显的不同，其评价模型也反映了生命周期的所有特性。绿色产品的成本由生产成本、用户成本和社会成本组成。传统意义上的生产成本包括产品的材料成本、工具设备成本、人力成本、管理成本等；用户成本指的是用户使用阶段所花费的成本，包括用户使用的能源成本、维修成本等；社会成本指的是社会为此产品负担的成本，如产品报废处理的成本、环境治理成本等。

社会属性：社会属性指绿色产品除满足以上指标要求外，还必须考虑社会发展的需要。因为许多产品与文化、道德、人伦、社会安定及社会进步有关，所以社会属性也应是绿色产品评价中不可忽视的一类重要因素。

（二）绿色设计概念

绿色设计（Green Design）又称"生态设计"，是以环境资源为核心概念的设计过程，是指在产品及其生命周期全过程的设计中，充分考虑对资源和环境的影响，在考虑产品的功能、质量、开发周期和成本的同时，优化各有关设计因素，实现可拆卸性、可回收性、可维护性、可再用性等设计目标，使产品及其制造过程对环境的总体影响最小，资源利用效率最高。

（三）绿色设计的特点

1．环境保护

绿色产品从生产到使用再到废弃、回收处理的各个环节都对环境无害或危害甚小。这就要求企业在生产过程中选用清洁的原料和工艺过程，生产出清洁的产品；用户在使用产品时不产生环境污染或只有微小的污染；报废的产品在回收处理过程中产生的废弃物很少。

2．最大限度地利用材料

绿色产品应尽量减少材料使用量，减少使用材料的种类，特别是稀有、昂贵材料及有毒、有害材料。这就要求在设计产品时，在满足产品基本功能的条件下，尽量简化产品结构，合理使用材料，并使产品中的零件材料能最大限度地再利用。

3．最大限度地节约能源

绿色产品在其生命周期的各个环节所消耗的能源应最少，使能源得到有效利用。目前，关于绿色产品设计和环境友好性的思想受到几种倾向的驱动，这些倾向包括用于管理产品生命周期而出现的标准（ISO 14000）；不断增加的消费者对绿色产品的需求；产品回收利用以及废弃物处理和销毁过程中各种费用由内部承担等。另外，消费者也正日益认识到他们所购买的产品对环境的影响。同样，传统产品设计思想也受到"绿色浪潮"的推动。以上这些都迫使我们必须认真寻找解决绿色产品设计中产品的环境友好性、能源和材料的充分合理利用性等一系列问题的关键方法和技术。

（四）绿色设计的过程

绿色设计的过程与传统设计的过程类似，包括需求分析、概念设计、方案初步评审、详细设计、设计评审、方案改进等。只是绿色设计具体内容更丰富，如在设计方案评价时要求采用生命周期评价方法进行环境评价等。

（五）绿色设计的核心思想

绿色设计的核心思想主要有三个：产品全生命周期的思想、并行工程的思想、信息集成的思想。

产品全生命周期的思想：绿色产品设计着眼于产品生命周期全过程，而不只是限于某一阶段、某一环节或某一部门，要求设计人员从产品概念形成到产品报废的整个产品生命周期，都考虑到环境、技术、经济三者的协调。

并行工程的思想：要求产品开发人员从设计一开始就考虑到产品全生命周期内各阶段的因素。并行工程强调企业各部门协同工作，建立各决策者之间有效的信息交流与通信机制，使后续环节中可能出现的问题在产品设计的早期阶段就被发现并解决。其目的是使产品在设计阶段便具有良好的可制造性、可装配性、可维护性、可回收再生性等，最大限度地减少设计反复现象，缩短设计、生产准备和制造时间。

信息集成的思想：产品在生命周期全过程中会产生大量的信息和数据。这些信息和数据主要可以分为技术性数据、经济性数据和环境性数据三大类。要设计技术先进、经济合理和环境协调的真正的绿色产品，就必须把这些信息集成在一起。

二、休闲体育产品绿色设计的内容

休闲体育产品绿色设计涉及的内容很广泛，主要包括材料选择、可拆卸性设计、可回收性设计、面向制造和装配的设计、成本分析、数据库等。

（一）材料选择

材料选择（Design for Materials，DFMS）是绿色设计不可缺少的组成部分，是产品开发过程中的最早、最重要的设计决策，同时又是一种重要手段，借助它可以使产品对环境的影响最小。因此，休闲体育产品绿色设计要求选材时不仅要考虑休闲体育产品的使用要求和性能，更要考虑休闲体育产品的环境性能，优先考虑材料本身制备过程中低能耗、少污染且休闲体育产品报废后材料便于回收再利用或选用易于降解的具有良好环境协调性的绿色材料。其具体的措施包括选用可回收再生的材料、节能型材料、可降解材料、环境友好型元件、减少休闲体育产品中所使用的材料的品种等。

（二）可拆卸性设计（Design for Disassembly，DFD）

绿色设计要求把可拆卸性作为产品结构设计的一项评价准则，使产品在报废以后，其零部件能够高效地、不加破坏地拆卸下来，从而有利于零部件的重新利用或进行材料循环再生，达到既节约又保护环境的目的。由于休闲体育产品的品种千差万别，不同的休闲体育产品必须采用不同的可拆卸性设计方法。概括地说，休闲体育产品可拆卸性设计一般遵循如下原则：①减少拆卸的工作量，将多个零件的功能集中到一个部件。②预测休闲体育产品构造，避免相互影响的材料的组合。③易于拆卸。④易于分离。⑤采用标准化的零部件，减少零件的多样性。

（三）可回收性设计

可回收性设计（Design for Recycling & Recovery，DFRR）是指在进行产品设计时充分考虑产品的各种材料组成成分回收再用的可能性、回收处理方法（再生、降解等）、回收费用等与产品回收有关的一系列问题，从而达到节约材料、减少浪费、对环境污染最小的目的的一种设计方法。休闲体育产品可回收性设计的主要原则可以归纳如下：①避免使用有害于环境及人体的材料；②减少休闲体育产品所使用的材料种类；③避免使用与标准循环利用过程不兼容的材料或零件；④使用便于重用的材料；⑤按兼容性组织材料；⑥允许使用可重用的零部件；⑦鼓励用户进行循环利用。

（四）面向制造和装配的设计

面向制造和装配的设计（Design for Manufacturing & Assembly，DFMA）是一种使产品更容易制造和装配的设计方法。它提供了一种从制造和装配的观点分析设计方案的系统化方法，能使产品更简化，制造和装配费用更少。DFMA是在产品的设计阶段就尽早地考虑与产品制造和装配有关的约束条件（如可制造性、可装配性），全面评价产品和工艺设计，同时提供改进的设计反馈信息，在设计过程中完成可制造性和可装配性检测，使产品结构合理、制造简单、装配性好，并实现全局优化，从而缩短产品的开发周期，取得最大的经济效益。到目前为止，已有许多不同的DFMA提法发表，主要有定期经验法、定量评估法、计算机辅助DFMA法等。

（五）成本分析

在休闲体育产品设计初期，就必须考虑休闲体育产品的回收、再利用等性能，因此，成本分析时，必须考虑污染物的替代、休闲体育产品拆卸、重复利用成本、特殊休闲体育产品相应的环境成本等。

（六）数据库

休闲体育产品绿色设计数据库包括产品生命周期中与环境、经济等有关的一切数据，如材料成分、各种材料对环境的影响值，材料自然降解周期，人工降解时间、费用，制造装配、销售、使用过程中所产生的附加物数量及对环境的影响值，环境评估准则所需的各种判断标准，等等。

三、休闲体育产品绿色设计的原则

（一）资源最佳利用原则

在选用资源时，应从可持续发展的思想出发，考虑资源的再生能力和跨时段配置问题，避免因资源的不合理使用加剧有限资源的枯竭，尽可能使用可再生资源。在设计时尽可能保证所选用资源在休闲体育产品的整个生命周期中得到最大限度的利用。

（二）能量消耗最小原则

在选用能源类型时，应尽可能选用太阳能、风能等清洁、可再生的一次能源，而不是石油等不可再生的二次能源，以缓解能源危机。在设计上力求休闲体育产品整个生命周期循环中能源消耗最少。

（三）"零污染"原则

休闲体育产品绿色设计应彻底抛弃传统设计"先污染，后治理"的环境治理方式，代之以"预防为主，治理为辅"的环境保护策略，在设计时设法消除污染源，追求"零污染"。

（四）"零损害"原则

休闲体育产品绿色设计应确保休闲体育产品在生命周期内对人员具有良好的保护功能。设计时不仅要从休闲体育产品的制造使用、质量、可靠性等方面对人员加以保护，还要从人机工程学和美学角度考虑，避免危害人员的身心健康。

（五）技术先进原则

要使休闲体育产品成为绿色产品，必须采用最先进的技术。休闲体育产品设计者应及时了解相关领域的最新进展，把握本行业的动向，发挥创造性，使休闲体育产品具有较强的市场竞争力。

（六）生态经济效益最佳原则

休闲体育产品绿色设计不仅要考虑休闲体育产品所创造的经济效益，还要从可持续发展的观点出发，考虑休闲体育产品在全生命周期内的环境行为对生态环境和社会环境所造成的影响，达到经济效益和环境效益双最佳。

第三节　休闲体育产品设计的风险

休闲体育产品创新离不开高水平的产品设计，而设计过程中任意环节的差错都可能造成结果与预期的偏离，这就是产品设计的风险。基于产品设计的流程在企业产品创新活动中的重要地位，有必要讨论影响休闲体育产品设计的风险。

一、休闲体育产品设计的流程风险

流程由至少两个工序组合而成，每个工序（或称环节）自身的要素可能会导致风险，而环节与环节之间的衔接也可能产生风险，因此设计的流程风险要考察流程中的各个环节存在的风险和各个节点之间衔接的风险。

（一）设计流程各环节的风险

从广义的设计流程来看，其应包括产品需求与调查环节、产品设计环节、产品展示与鉴定环节、生产与销售环节、回收与再生环节。

1．产品需求与调查环节的风险

企业通过产品需求与调查来完成需求分析，通过需求分析得出结论，将其作为企业制定休闲体育产品开发战略和设计目标的依据，并在此阶段确立休闲体育产品开发战略和设计目标。从宏观层面来看，此环节是开发战略风险和设计目标风险的源头之一；从微观层面来看，此环节的风险因素来自市场调研与产品调研的真实性和准确性。

2．产品设计环节的风险

当确定战略和目标之后，进行休闲体育产品设计，具体的实施过程是通过概念设计对战略目标进行初次但十分全面的构想，这　过程表现为一个由粗到精、由模糊到清晰、由抽象到具体的不断转化的过程。概念设计的目的是将战略和目标第一次转化为直观的、可视化的产品形象，从而展示休闲体育产品的理念、功能、使用方式、市场定位、造型风格、体量大小等，并以此初次评估战略和目标的可行性。由于概念设计是将无形的设计目标转化为有形的、可视化的、可触摸的概念方案的过程，因此，在此环节存在着很大的不确定性。当概念设计完成之后，详细设计将依照概念设计所得出的结论，将其全面细化，从而确定休闲体育产品的造型、色彩、结构、质地以及实现该休闲体育产品所需的材料、工艺等具体内容。在此阶段，将完成休闲体育产品在加工之前所需的各种参数的设定，该阶段目标能否顺利达成是对企业休闲体育产品开发流程和各部门系统配合的严峻考验。同时，无论是概念设计还是细节设计都应建立在原创性的基础上，在设计的技术选择和设计方案的阶段评估中都应介入对专利权的考察，以避免专利权纠纷给休闲体育产品开发带来的负面影响。

3．产品展示与鉴定环节的风险

产品展示与鉴定环节，是通过样机的试制、评测，从而评估休闲体育产品设计的结果是否符合战略和目标的要求，是在投入大批量生产之前的一道自检程序，该阶段将对设计结果进行全方位的展示和评测，并以此为依据对设计结果做出相应的修正，保证批量生产得以实施。同时，这也是对休闲体育产品质量制定标准和确立知识产权的阶段。产品展示与鉴定环节的风险在于展示能否全面、直观、有效地反映设计方案；测试项目是否全面、测试手段是否正确、测试数据是否真实有效；评价体系是否健全、评价指标的选取是否准确、评价是否客观公正等。

4.生产与销售环节的风险

生产与销售环节是将设计转化为商品并创造价值的阶段，应通过设计合理简化产品结构、精简工序，以便于生产，降低废品率；通过设计创造出结构简单、节省资源、便于运输储存、适于展示营销的产品包装，进一步提升产品的竞争力。生产环节的风险主要来自三方面：一是设计本身的质量好坏，二是企业生产技术水平的高低，三是原材料的供应。销售环节的风险来源更加多样化，从设计的角度来看，销售环节的风险主要来自地域性的差异、品牌价值、竞争对手、销售模式和营销手段等。

5.回收与再生环节的风险

回收与再生环节充分考验休闲体育产品设计之初对于节能环保理念的把握。优秀的休闲体育产品在做到易使用、高品质的同时，更应该考虑制造、使用和回收过程中的低能耗和无害化。工业产品具有大批量生产的特征，产品在不具备使用价值变成工业垃圾之后，加剧了环境的污染。随着人们环保意识的增强，废旧产品的回收与再生在近些年受到持续关注。回收与再生环节的风险不会立即显现，它对环境的破坏将是渐进和持续的，因此，企业最终会遭到消费者的抵制，面临消费者对于产品品牌的不信任。

（二）设计流程各环节衔接的风险

流程中各环节的衔接，如同人体各部分的关节。关节使骨骼连接在一起，通过肌肉的张弛带动骨骼来完成神经所传导的指令，从而实现人体的各种动作。流程中各环节的衔接只有像人体关节那样做到联系紧密、相互配合、信息畅通，才能使业务流程顺利有序地开展。

1.流程中各环节上下游工序匹配度上的风险

流程中各环节的衔接风险可反映在上下游工序的匹配度上，涉及流程设置的科学性，如前一阶段所完成的内容是否为下一阶段所需；涉及阶段成果的完整性，如上一阶段的成果能否为下一阶段工作提供完整的内容和信息，使下一阶段工作得以顺利开展；涉及阶段成果的时效性，如在整个开发周期框架下，上一阶段所耗费的时间是否挤占下一阶段的工作时间，是否会直接影响下一阶段工作的效果；涉及阶段成果的反馈机制，关系到效果的及时修正。

2. 流程中各部门配合度上的风险

流程中各环节的衔接风险还可反映在各部门的配合度上。休闲体育产品设计与开发需要调动企业内各部门资源，如产品需求与调查环节，需要市场部、设计部通力配合，通过对资讯的搜集和整理得出结论，供企业的决策层制定休闲体育产品开发战略和设计目标；产品设计环节，需要设计部门会同生产部门确定产品的技术指标和实现手段，会同市场部门确定产品的外观造型、尺寸质量、色彩质地等，会同人力资源部门获取企业在部门人才需求上的支持等；在产品展示与鉴定环节，设计部门、生产部门、市场部门要将设计方案全面直观地加以展示，并在休闲体育产品大批量生产之前逐一确定设计的技术细节、加工方式、运输方式、销售模式和包装方式，等待决策部门对该设计项目的最终定案；生产与销售环节，设计部门需要对生产部门和市场部门的反馈意见做相关的信息储备，为之后的休闲体育产品开发项目积累经验，在必要的时候设计部门还需根据反馈对设计做出及时修正；回收与再生环节，设计部门还要和售后部门通力合作，对反馈问题进行改善，包括易于售后维护、回收再生的新的设计思路。除此以外，设计部门还需要和企业外部的相关部门接触，如政策法规的制定部门、质检与环保部门、专利权管理部门、物流与销售渠道、广告与传播媒体等。这对设计人员的沟通素质提出了很高的要求，同时要求设计部门的工作成果能够跨部门边界、跨学科背景，易于理解和交流。

二、休闲体育产品设计的时滞风险

时滞是时间滞后的简称，是指某一行为从启动到产生结果的时间段。随着科技的飞速发展和新型材料的出现，休闲体育产品的更新换代相当快。当一款休闲体育新产品在设计过程中遇到障碍或问题时，必然会延误其上市的时间，而当一切都解决妥当或处理完毕之时，竞争对手的新产品可能已经先前一步上市了，这样必然导致设计出来的新产品价值大打折扣，还会影响到后面各个环节的绩效，这就是休闲体育产品设计的时滞风险，其影响因素如下。

（一）科学技术研发因素导致的时滞风险

当代科技飞速发展，新产品层出不穷，休闲体育产品也不例外。若想在新产品开发上保持领先位置，就必须在新产品研发上增加资金、人才、资源的投入，尤其是想方设法引进该领域的顶尖设计人才，并且做到用人不疑，放手让设计师开发新产品，只有这样才能避免出现因科技研发因素导致的时滞风险。

（二）竞争对手打压导致的时滞风险

在确立了重要的竞争对手以后，就需要对每一个竞争对手做出尽可能深入、详细的分析，明确每个竞争对手的长远目标、基本假设、现行战略和能力，并判断其行动的基本轮廓，特别是竞争对手对行业变化，以及当受到竞争对手威胁时可能做出的反应。只有对竞争对手进行充分的分析才能做到心中有数，有的放矢，也才能防止因竞争对手打压而导致的时滞风险。

三、休闲体育产品设计的安全隐患

很多休闲体育器械器材的设计是走工业产品设计的道路，在设计与开发过程中同样存在着安全隐患。

（一）功能安全隐患

一方面为了应对日益复杂的外在环境，具有单一功能的休闲体育产品已不能满足人们的需求，休闲体育产品的功能组合成为产品设计发展的方向。功能的组合并不是无章法地堆砌，而是以基本功能为主，辅以相关功能来共同实现产品的实用性、适用性、易用性以及安全性。功能的组合除了在单个产品中进行功能的改变外，还能够在不同产品之间实现组合。例如，物联网技术就是将多种不同种类的产品通过恰当的方式和途径实现连接和组合，通过对互联网技术的延伸和拓展完成智能化的识别、跟踪和定位、管理等。多种产品之间的安全、合理的功能组合能够为现代生活提供便捷和更多的选择空间，使"设计的目的是为人"的思想更加深化。

另一方面，休闲体育产品在使用过程中功能不能被误用。功能的安全性是产品安全的前提，一旦产品功能不具备安全性的前提，那么用户在使用过程中的安全就没有保证。同时，功能使用的安全性还来自功能的易用性。

（二）产品设计的安全

从安全科学的角度来看，安全系统由人、机、环境三者共同构成。人对安全的需求决定了安全具有自然属性和社会属性。当安全的自然属性占主导地位时，人类追求的安全是盲目的，安全问题的解决是被动的。当安全的社会属性占主导地位时，人们对安全问题的解决就变为主动了，对安全目标的追求就变为理智的。而从安全科学的角度来看，没有理想化的绝对安全，安全仅是在特定的时间、空间等环境条件下的一种状态。我们通过设计所能解决的是安全性能的提高以及对安全行为的引导和对安全条件的创造，从而促进人、物之间产生一种安全的关系。

安全具有自然和社会两种属性：自然属性反映的是人类活动中的物质方面，来自人的自然特性。社会属性一般是指人与人所形成的安全社会关系的运动规律及其基本属性，来自人的社会性和人类社会的特性。

设计师寻求的休闲体育产品安全设计来自安全自然属性、社会属性与人类需求之间的耦合。耦合点的确定是随着时代技术的变化而不断改变的。这种变化一方面是由安全的随机性与相对性决定的，即安全是一种运动变化中的状态，其随着人—机—环境　文化关系的调整而随时发生变化。另一方面，科技水平的提高，人对于安全的生理、心理承受能力也在不断变化，人们期望做到100%的绝对安全，而这种理想化的绝对安全并不存在，安全性能和安全程度只会随着技术指标的更新而不断完善和优化。人们的主观心理变化和客观的技术水平的变化决定了耦合点的改变。因此，作为设计师，对于休闲体育产品安全的理解和判断应该以安全的社会属性为指导，以人的需求为根本，用安全的社会性来约束安全的自然性，并不断地提高、完善。

第六章　休闲体育产品设计管理与评价

第一节　休闲体育产品设计管理

一、休闲体育产品设计管理的重要性

休闲体育产品设计同样面临着设计管理的问题。当设计管理在 20 世纪 90 年代成为热门话题时，当国外许多企业运用设计管理取得巨大成效时，我国许多企业也开始意识到设计管理的重要性，并在借鉴国外先进经验和模式的基础上，逐步发展自身的设计管理。然而，许多企业感到了发展设计管理的艰难，其中一个很重要的问题是如何使国外的设计管理理念、运行模式与我国的企业文化相结合并实现持续发展。

（一）完善休闲体育产品设计环境

我国休闲体育产品制造业起步晚，早先基本上是从事代工、加工、仿造业务，许多企业的设计环境不是很完善。许多企业根本就没有系统的设计部门，企业的设计事务大多由外界设计公司代理。要实现企业设计管理的持续发展，没有一个适合生存的环境是绝对行不通的。可以说，完善设计环境是持续发展的前提。针对当前的具体情况，首先，需要进一步确立设计及其管理的地位。设计是企业重要的资源，是降低企业风险的有效手段。通过设计可以规范企业形象，提高企业的创新能力，增强企业的竞争力。设计管理是设计实践转化为商品的重要环节，它打破了企业传统的结构模式，跨越了多个部门。这更有利于加强企业各部门之间的协作，发挥各部门间的互动作用。例如，三星公司的设计中心由 CEO（首席执行官）直接负责，其下成立了由所有公司分部的主席组成的设计委员会，他们定期会面并讨论公司的设计问题，从而加强了各分部之间的了解与合作。设计管理的一个重要作用是实现企业现有资源的有效配置，提高产品品质和产品风格。而我国许多企业的产品之所以未能形成自己的风格，很大程度上是因为企业没有系统的设计部门，导致了设计

的不连续性。其次，加强设计师的学习、交流和培训，提高设计师的素质。一方面，设计师必须具备健康的价值观，把企业价值、消费者价值以及设计价值统一起来，发挥设计的桥梁作用。许多企业在追求效益的同时往往会牺牲消费者的利益。同样，许多消费者在追求满意度时也会要求企业提高产品品质和服务质量。设计师在追求设计价值的时候应当正确认识到这种矛盾的存在，使之平衡。另一方面，设计师应当注重设计思维的培养。设计不只是技巧，更是一种思维。当前，国际多元化的趋势要求设计师具备多元化的设计思维，这样才能针对不同的消费者设计出相应的产品。创新已经成为企业生存的关键，因此设计师有必要提高创新意识，掌握创新的基本原理和方法，增强创新能力，充分提高设计的创新内涵。最后，鼓励设计师多从事设计个案，增强设计能力，为企业储备设计力量。当前，许多企业的设计是由外界设计公司负责的，企业自身的设计人员很少有实践的机会，一般从事一些辅助工作。久而久之，有些设计人员对设计失去兴趣和信心，影响了自身设计潜能的发挥。有些设计人员干脆从事其他工作，使企业本来就比较薄弱的设计力量再次减弱。当然，许多企业已经意识到成立设计部门的重要性，正在筹备成立，设计人员的改行势必影响企业设计部门成立，不利于企业设计环境的发展。当然，还有些设计人员选择了跳槽，这对企业也是一个重大损失。因为原有的设计人员对企业文化比较熟悉，并且在企业中建立了一定的人际关系，对企业的运作也比较了解。而引进的新的设计人员，必然在这些方面有所欠缺，他们需要有一个适应过程，很难立即胜任企业的设计工作。

（二）规范设计管理评价标准

建立一个正确的设计管理评价标准，可以保证企业的设计管理朝着正确的方向发展。随着时代的发展，企业设计管理模式在运行过程中必然会出现一定的问题，这就需要及时调整。规范设计管理评价标准就是为了保证对这些问题进行正确分析，客观定性，为调整指明方向。企业设计管理的主要内容是保持设计目标与企业战略目标的统一，并实现设计目标的有效完成。因此，在建立企业设计管理评价标准时应当从以下两个方面着手：一方面，要评价设计目标是否与企业整体战略目标协调，如企业的经营理念、市场定位等。显然，由于两个公司战略目标的差别，不可能把其他公司制订的设计目标移植到自己的公司中来，在制订设计目标时必须以企业的整体战略为参照。另一方面，在执行设计目标时也需要有一个标准。设计管理在规范设计行为、调用设计资源时，如果没有一个完善的评价标准，必然会导致设计行为的混乱以及设计资源的浪费，影响完成设计目标的进程。通常，在规范设计行为时应以设计行为与目标的一致性为标准，对设计资源的调用以最低限度地利用设计资源、最大限度地发挥价值为标准。不同企业可以根据实际情况制定相应的评价标准，从而保证企业设计管理的有效实施和持续发展。

（三）强化企业的设计特征

事实表明，许多国外企业的设计管理模式之所以运行得很好，一个重要的原因就是有企业强有力的设计特征的支持。一方面，强有力的设计特征可以提高企业的竞争力，从而增强企业持续发展设计管理的信心。另一方面，竞争力增强给企业带来了可观的收益，企业必然会加强对设计管理的投资，如资金、技术、交流、学习、考察等，以争取更大的回报，从而形成一种良性循环。

（四）持续发展我国企业的设计管理

首先，持续发展我国企业的设计管理可以进一步整合企业文化，树立企业形象。不同企业运用设计管理的模式不尽相同，这是企业文化的差异造成的。因此，企业运用设计管理时首先需要研究企业文化，创建具有本企业文化特征的设计管理模式。企业形象的树立是基于企业文化的，通过企业文化的整合可以为企业形象的树立创造有利条件，从而满足消费者对产品的感观需求。

其次，持续发展我国企业的设计管理可以提高产品品质，增强企业的竞争力。设计管理通过计划、组织、监督、控制，确保产品设计、生产、销售等各个环节的有序进行，提高产品品质，从而满足消费者对产品的性能需求。

最后，持续发展我国企业的设计管理还可以为保护资源做出贡献。设计管理重视对企业现有资源的有效调用，从而高效率地发挥其价值，实现低利用、高产出。也就是说，在满足一定的消费需求时，降低资源的利用率。

二、休闲体育产品市场调查和产品定位

市场调查在休闲体育产品设计中属于不可缺少的一个环节，它是指运用科学和系统的方法，有目的地搜集、记录、整理有关产品的信息和资料，以了解市场现状和发展趋势，为休闲体育产品设计提供客观、正确的资料，设计出符合市场或满足消费者所需求的休闲体育产品。

休闲体育产品市场调查的一般流程：①确定休闲体育产品市场调查的目的；

②确定休闲体育产品市场调查的对象；③确定收集资料和信息的方法；④制定休闲体育产品市场调查的提纲；⑤设计休闲体育产品市场调查问卷；⑥确定是否进行一次非正式调查；⑦对在调查实施过程中可能遇到的问题及解决方法做预案；⑧确定休闲体育产品市场调查资料的处理与分析方法；⑨选定并培训休闲体育产品市场调查人员；⑩确定休闲体育产品市场调查的进度；⑪确定休闲体育产品市场调查的经费预算；⑫确定休闲体育产品市场调查报告书的提交方式。

休闲体育产品定位是根据竞争者现有产品在细分市场上所处的地位和顾客对休闲体育产品某些属性的重视程度，塑造出本企业产品与众不同的鲜明个性或形象并传递给目标顾客，使该休闲体育产品在细分市场上占有强有力的竞争位置。可见，休闲体育产品定位是为了适应顾客心目中的某一地位而设计休闲体育企业的产品和营销组合的行为。

三、休闲体育产品的营销策略

休闲体育产品的营销策略同样应站在4P（产品、价格、渠道、促销）高度去考虑。

休闲体育市场营销的产品，不仅包括有形产品，即实体部分，如休闲体育运动服装、休闲体育运动器材等；还包括无形产品，即休闲体育服务产品，如户外运动、休闲健身活动、休闲体育指导、塑形健美培训等。休闲体育服务产品具有一种不可触知的特性，即服务与销售不可分离，生产过程与交换过程、消费过程是同时发生的；人们购买这类服务往往与自己的期望值成正比；休闲体育服务市场随着季节及时间的变动，对劳务的需求具有不均衡性，如滑雪、滑冰、游泳等活动和体育旅游所提供的劳动服务有明显的季节性。此外，休闲体育产品的品牌塑造和建设也是归属于产品范畴的一个十分重要的内容。

产品价格是构成企业营销组合的一个重要因素，也是休闲体育市场营销的核心问题之一。价格是商品价值的货币表现形式。要确定合适价格，就必须了解价格的构成，即影响价格的现实因素是什么。一般而言，了解价格的构成应先关注成本、目标利润、市场供求关系和顾客心理。

渠道（也称作分销）就是生产者通过市场把休闲体育产品以最少的环节、最短的时间、最低的费用、最快的速度输送到消费者手中，即经过必要的流通渠道和销售环节，实现休闲体育产品从生产领域向消费领域的转移，从而解决休闲体育产品内在的使用价值和价值的矛盾。渠道是休闲体育有形产品销售的形式之一。互联网时代下，网购、外卖、直播等新式渠道层出不穷，已经进入居民日常生活，为居民带来极大的便利。

促销即促进销售，它是营销人员与消费者之间带有刺激性的信息沟通方式。在现代市场经济条件下，促销有着极其丰富的内容和极为重要的作用。休闲体育市场促销是指在休闲体育市场中，营销人员通过各种渠道有针对性地向消费者传递休闲体育产品或服务信息，激发他们的欲望和兴趣，唤起其需求，以实现其购买行为，或以提高休闲体育产品或服务声誉为目的的经营活动。

促销的方式有广告、营业推广、人员推销、公共关系促销、网络促销、自媒体（如微信、微博、抖音、快手等）促销、展览促销、体验促销等。

除了 4P 营销理念外，还有以目标市场为导向进行产品设计与开发的观点，就是现代市场营销中的顾客导向观念。企业进行目标市场选择，进而确定目标消费者，根据"顾客需求理论"，了解消费者（目标消费者）的需求，通过对目标消费者的调查和分析，根据目标消费者的喜好和意愿去设计和开发新的休闲体育产品，从而制造出能满足目标消费者需要的休闲体育产品。

第二节　休闲体育产品设计过程中人的因素

一、体验性设计

体验性设计是让消费者的参与融入设计，让企业以服务为舞台，将产品作为道具，将环境作为布景，使消费者在消费体验活动过程中感受到美好的过程。其中的服务是无形的，产品是有形的，而创造出的体验是令人难忘的。体验性设计的核心是突出用户感性价值的重要性，以此为基准给用户带来更生动的产品，为其创造更完善的消费体验，让用户在产品中找到认同感。在休闲体育产品的技术创新中进行体验性设计是必要的，通过体验性设计，可以让消费者在消费休闲体育产品时有更好的满足感，对企业的产品更加忠诚。因此，应该全方位考虑消费者的心理和生理感官，关爱消费者，让消费者合理表达，从物质和精神上满足消费者需求，而不仅仅停留在运用亮丽的色彩或造型小巧可爱上。对于休闲体育产品的体验性设计，能从感受、情感、参与、思考等方面解决消费者深层次的情感需求，在这样一个讲究情感消费体验的经济时代，这是十分有效的设计方法。体验性设计的思想是设计发展的必然趋势，因此，休闲体育产品的设计必须跟紧其脚步。

二、情感化设计

情感化设计就是遵循人的情感活动规律，以用户的情感需求和体验层次为切入点，设计出富含人情味的产品形态和人机交互方式，使用户在心理上获得认同感，在体验中获得情感，并唤起人们对新的生活方式的追求。在进行情感化设计时，企业要明白产品是为了满足人的需要而产生的，因此，产品必须随着人类需求层次的提高而不断提高设计要求。产品与人的关系必将越来越密切，它们既是人类情感的表达者，又是人类情感交流的对象。

在休闲体育产品的技术创新中，情感化设计也是必不可少的，在物质文化生产生活日益丰富的今天，用户更加注重可以满足其不同程度的情感愉悦和精神享受需求的产品，产品也不再被看作一种简单的物质形式，更应是设计师与大众情感交流的信息载体，因此，休闲体育产品在开发时需要融入情感，最大限度地满足广大消费者心理和情感上的需求，已经成为如今休闲体育产品设计必不可少的环节，必当引起关注。在对休闲体育产品进行情感化设计时，要能调动用户的情绪，引导用户对产品产生情感忠诚，最后达到用户与产品之间的良好交流和沟通，达到双赢的局面。

第三节　休闲体育产品品牌塑造与建设

一、品牌概述

（一）品牌

美国营销大师菲利普·科特勒对品牌的定义：品牌是一个名字、名词、符号和主设计，或者以上四种的组合，用以识别一个或一群出售者的产品或劳务，使之与其他竞争者相区别。

（二）品牌作用及功能

品牌作用及功能：塑造产品形象，塑造企业形象，具有促销辐射效应，是消费者选购商品的依据，是产品宣传的基础。

（三）品牌标志的设计要求

品牌标志是通过造型简单、意义明确的统一标准的视觉符号，将经营理念、企业文化、经营内容、企业规模、产品特性等要素传递给社会公众使之识别和认同企业的图案及文字。

标志设计是视觉形象的核心，它构成企业形象的基本特征，体现企业内在素质。标志设计不仅是调动所有视觉要素的主导力量，也是整合所有视觉要素的中心，更是社会大众认同企业品牌的代表。因此，在整个视觉识别系统设计中，标志设计具有重要的意义。

标志设计不仅仅是图案设计，而是要创造出具有商业价值并兼具艺术欣赏价值的符号。标志图案是形象化的艺术概括。设计师须以自己的审美方式，用生动具体的感性形象去描述它、表现它，促使标志主题思想深化，从而达到准确传递企业信息的目的。标志设计的难点是准确地把形象概念转化为视觉形象，而不是简单的像什么或表示什么；既要有新颖独特的创意，表现企业个性特征，又要用形象化的艺术语言表达出来。

标志设计应该考虑注入企业深刻的思想与理念内涵，从而传达出鲜明独特的优良企业形象，达成差异化战略的目的。随着商业信息传递与科技文化交流速度的加快，一切传播行为都极其讲求效率，视觉传播的文字和商业符号一样，都朝着一个共同方向发展，要求简洁、共识，同时讲求造型美观、大方，具有个性，标志设计也不例外。

（四）品牌的六大层面含义

从本质上说，品牌的基本作用是让人们辨别出产品的销售者或制造者，然而，品牌还是一个更为复杂的符号，是一个由品牌名称、品牌标志和商标三大要素组成的集合概念，其整体含义可以概括为属性、利益、价值、文化、个性和用户六大层面。

属性：一个品牌首先表达出产品特定的属性，如产品好的声誉、高的价格、精良的工艺、优良的制造等。

利益：一个品牌不仅仅限于一组属性，顾客不是购买属性，而是购买利益，即将对属性的需要转化成功能和感情利益，如优良的制造给人满足的感觉。

价值：品牌应体现企业的某些价值观，如对产品高性能、安全、威信的追求。

文化：品牌可能会附加一定的企业文化，使人们一接触它在感觉上就会产生某种与该文化有关的联想。

个性：成功的品牌还会代表一定的个性，如人们一看到海尔、麦当劳、肯德基的品牌就会产生不同的个性想象。

用户：品牌还会体现购买和使用这种产品的是哪一类消费者。

一个品牌能具有以上六层含义，就可称为深意品牌，反之就是肤浅品牌。品牌最持久的含义是它的价值、文化和个性，它们确定了品牌的基础。

例：安踏（中国）有限公司标志的含义（图6-1）

图6-1　安踏（中国）有限公司标志

其整个标志为字母"A"的变形体，由四段半径不同的圆弧线交汇而成，整体图案简洁大方，富有动感，图形鲜红的色彩代表了安踏（中国）有限公司（以下简称"安踏"）的活力与进取精神，圆弧构造出的空间感展现了安踏开拓创业的无限发展前景，变形的"A"则抽象出一个升腾而起的飞行物形象，以极其简约、概括的手法展现了力量、速度与美三元素在运动中的优美组合，并从广义上喻义安踏追求卓越、超越自我的理念。安踏采用"ANTA"作为企业及产品品牌名称，"ANTA"四个字母为热望、崇高、胜利、雄心四个英文单词的首字母，凸显安踏服务社会、回报社会的企业文化。现在安踏是一个集"中国驰名商标""中国名牌产品"等荣誉于一身的国内著名品牌。

二、成功的品牌塑造和品牌建设

（一）成功的品牌塑造

成功的品牌塑造必须具备如下要件：产品本身必须符合市场需求，必须满足顾客的预期品质；品牌必须能激发顾客的忠诚度；成功品牌必须不断创新，必须注意自身形象。

（二）成功的品牌建设

成功的品牌建设有五大要素：品牌认知度、品牌知名度、品牌忠诚度、品牌联想、品牌其他资产。

（三）成功的品牌建设的步骤

（1）明确产品理念和市场定位。

（2）明确产品的设计风格和要树立的企业形象，制定 CIS（企业形象视觉识别系统）。

（3）着手生产设定好的产品。

（4）制订详细可行的营销计划、阶段性的目标。

（5）在企业实行营销策略的同时，配合进行广告宣传，制订详细的企业形象、产品宣传计划，通过一系列营销活动扩大企业的影响力。

三、休闲体育产品品牌塑造与建设中应注意的问题

（一）规划阶段应目标明确、措施到位

有一个好的品牌规划，等于完成了一半品牌建设。做规划时要根据品牌的六大层面提出很明确的目标，然后制订实现目标的措施。对于一个已经发展很多年的企业，还要先对这个企业的品牌进行诊断，找出品牌建设中的问题，总结优势和不足。这是品牌建设的前期阶段，也是品牌建设的第一步。

（二）全面建设品牌阶段应确立品牌的价值观

在这个阶段，确立什么样的价值观取向，决定企业能够走多远。有相当多的企业根本没有明确、清晰而又积极的品牌价值观取向；更有一些企业，在品牌价值观取向上急功近利、唯利是图，抛弃企业对人类的关怀和对社会的责任。正确的品牌价值观，首先是为消费者创造价值，其次才是为股东创造利益。

（三）形成品牌影响力阶段应对品牌进行不断的自我维护和提升

企业要根据市场和企业自身发展的变化，对品牌进行不断的自我维护和提升，使之达到一个新的高度，从而产生品牌影响力，直到能够进行品牌授权，真正形成一种资产。这三个阶段都不是靠投机和侥幸可以获得的，也不能一蹴而就。

第四节 休闲体育产品设计评价

休闲体育产品设计评价有两个重要因素，即评价指标体系和评价方法。其中，评价指标体系的建立分为目标指标的建立和最终指标的建立两个阶段。适合休闲体育产品设计评价的指标权重计算有两种方法：层次分析法与关联分析法。根据性质的不同，将现有评价方法分为定性、定量和综合三大类。后面会专门介绍几种常用的休闲体育产品设计评价方法及其适用范围、特点和利弊。

一、休闲体育产品设计评价原则和评价内容

（一）休闲体育产品设计评价原则

1．简洁原则

无论是休闲体育有形产品还是休闲体育服务产品的设计评价，简洁、清晰、便捷的程序都可以提高评价效率，也可以起到事半功倍的作用。

2．准确原则

评价的目的是使下一个项目设计做得更先进、更完善，因此休闲体育产品设计评价的准确性相当重要，否则，设计师会无参照标准，无所适从。

3．客观原则

休闲体育产品设计的目的在于满足顾客的多元需求，设计出来的产品应当具有实用、经济、美观、方便等优点，设计师应依照顾客的客观需求去设计，而不是主观臆断。

4．有效性原则

休闲体育产品设计评价同样需要投入相当大的人力和财力，评价是为了使休闲体育产品的设计精益求精，更上一层楼，形式主义、走过场是不可取的。

5．可扩展性原则

休闲体育产品设计评价有相应的标准和尺度，但这些标准不是呆板框框，可以根据实际情况进行适当调整，也可以适当延展，更可以举一反三。

（二）休闲体育产品设计评价内容

创造性：从功能、外观、价值几个方面来评价休闲体育产品是否具有创造性。
科学性：从技术和生产制造两大方面来评价休闲体育产品是否具有科学性。
社会性：从经济和审美两个层面考虑休闲体育产品是否符合市场流行趋势。

二、休闲体育产品设计评价方法

针对设计评价方法的研究虽然很多，但是多数研究成果只适用于产品开发过程中单一阶段的设计评价，缺乏基于产品开发全过程设计评价的考虑。休闲体育产品开发是一个复杂的系统工程，需要协同技术、系统、资源、市场及营销等方面的知识和信息，呈现出复杂特征。因此，加强休闲体育产品开发项目与这些复杂知识及信息的匹配度和协同度，能够提高休闲体育产品开发过程及结果执行质量。同时，基于全过程的设计评价能够系统选择更具竞争优势的设计方案，识别出可能导致休闲体育产品开发失败的不确定性风险。尤其是面对休闲体育新产品技术创新所带来的消极影响，更应该全面、仔细地评价这些不确定性风险。由此可见，单一阶段设计评价方法不能满足企业休闲体育产品开发活动的评价需求，实用价值不高。科学的休闲体育产品设计评价方法应该是在规范性设计过程模型的基础上，构建前期用户需求定位、中期技术特性映射及后期概念方案择优的休闲体育产品开发全过程设计评价流程及方法模型，旨在使企业全面、科学、准确、高效地完成设计目标，设计、制造、生产出符合用户及市场需求的休闲体育产品。

（一）全过程设计评价应用价值分析

产品设计是一种将用户需求映射为功能要求，再将其转化为产品零件、结构等设计参数的复杂创新过程。经过多年研究，英国开放大学的 Cross 教授将各种不同的产品设计过程归纳为描述性和规范性两种模型。其中，描述性模型的一般步骤为需求分析→概念设计→技术设计→深化设计，强调概念方案在设计初期的重要性，是一种启发式设计过程，即应用过去的开发经验、通用标准及设计人员的经验法则指导设计过程，但不能保证设计成功；规范性模型的一般步骤为需求分析→技术分析→概念设计→深化设计，强调在概念设计之前进行更多需求与技术分析工作，是一种鼓励式设计过程，即确保用户需求和重要设计指标能够被充分理解和考虑，更能保证设计的成功。因此，在此着重以规范性设计过程模型作为全过程设计评价流程的基础。

　　从某种意义上说，设计过程就是一系列持续评价、决策的过程。如图 6 – 2 所示，产品设计过程与评价过程交织在一起，构成一个完整的链状结构。上一设计阶段的有效评价为下一设计阶段的展开提供了判断标准和决策依据，有助于促进整个设计过程收敛。因此，任何设计阶段评价的缺失都会影响整个产品开发项目的顺利进行。

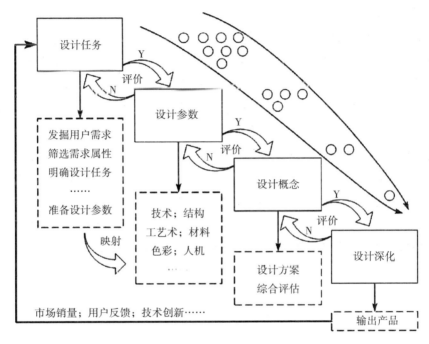

图 6 – 2　企业产品设计与评价间的关系

　　Cross 教授定义的产品设计评价目标是在最容易更正错误的阶段发现错误。因此，企业在休闲体育产品设计时运用基于全过程、规范化及制度化的评价方法具有以下几个方面的应用价值：①能够使企业对众多用户需求、概念方案进行全面、科学的设计评价，并筛选出各方面都能满足设计目标的最优方案，保证设计品质；②使企业在技术原理、结构设计、工艺方式、材料选型及色彩搭配等设计参数评价活动中能够准确、高效地进行决策，以获得规范、明确的休闲体育产品设计目标，提高设计效率，降低开发成本，增强企业核心竞争力；③全过程设计评价能够适时排除不符合用户和企业需求、实现可行性低及不具备市场竞争优势的方案，确保休闲体育产品开发始终遵循正确路线；④基于全过程的设计评价能够更好地协同多个开发阶段的评价需求，最大化地调节与匹配企业技术、知识和信息等能力，资源与产品创新绩效间的关系；在规范化和制度化的全流程设计评价中，企业通过不断发展、创新和积累符合自身情况的评价标准、方法、流程及组织形式等设计经验，为获取持续性竞争优势提供制度保证。

（二）全过程设计评价规范流程构建

在早期工业环境的影响下，企业设计评价观念比较注重产品质量和成本监控。随着工业技术、经济水平、信息技术、智能化数字化的发展，市场竞争环境日益复杂多变，设计评价向产品开发全过程延伸，旨在提升设计品质、降低开发风险、增强企业核心竞争优势。为此，应结合上述全过程设计评价应用价值和我国企业实际情况，构建前期用户需求定位评价、中期技术特性映射评价、后期概念方案择优评价三个阶段产品开发全过程设计评价流程。

前期用户需求定位评价包括对用户文本效度与信度进行评价、用户需求重要度评价或用户需求与技术特性相关度评价等，以确保最终设计目标的实现。中期技术特性映射评价包括集成、规范产品开发过程中设计评价的一般步骤，并细化、深入到每一个设计评价阶段。后期概念方案择优评价包括综合、协调等各种评价方法，以支撑和判定各阶段的设计有效性、设计品质、过程效率和设计目标达成度。

第七章　休闲体育产品开发过程

休闲体育产品开发过程涵盖休闲体育产品整个生命周期。高品质的产品设计是休闲体育产品开发最重要的起点，合理准确的产品定位是休闲体育产品开发的核心，高质量的产品生产是休闲体育产品开发的根本，多样化营销方式的运用是休闲体育产品开发的关键。

第一节　休闲体育产品开发的一般过程

一、休闲体育产品开发流程

休闲体育产品开发流程主要包括以下六个阶段，分别是概念阶段、计划阶段、设计阶段、验证阶段、发布推出阶段和生命周期阶段，不同阶段有不同的开发任务。各阶段紧密连接、环环相扣。同时，整个休闲体育产品开发流程需要不同的职能部门协同合作，设计师、管理团队、财会人员、开发商、采购员、销售团队、生产部门在休闲体育产品开发流程中各司其职，共同完成新产品开发任务。

（一）概念阶段

在概念阶段，运用任务分析法，把问题的过程分解成一步接一步的方式，将结果用流程图表示。开发任何产品的目标都是减少完成任务所需要的步骤，或提高每一步骤的效率或简化其难度。比较原有状态和现有状态的有效程度可以检验产品的有效性。概念形成是指设计师对新的休闲体育产品的功能、款式、结构提出想法。概念开发是把信息分析作为基础，依据定位的目标消费者市场，把新的休闲体育产品以"主题"的形式表现出来。在选定具体的款式、素材、色调之前，集中进入形象概念确定，使之后每一步设计要素的选择都有可靠的依据。确定主题概念之后的工作是根据国内外休闲体育产品流行趋势，针对目标消费者市场信息进行深入研究。设计师对收集到的最新信息进行合理分析，并结合自身品牌的特点及文化，筛选出符合品牌特征与文化的流行元素，融入设计以制作产品思路和风格草图，开发商在采购员的帮助下制订产品计划。新产品是为了满足消费者不断变化的需求而产生的，因此产品开发需要做好前期准备工作，识别新产品的竞争优势。新产品概念产生的渠道有很多种，其中消费者的需求反馈是重要的渠道，能够及时并且准确地洞察消费者需求，才能更好地满足市场需求。

（二）计划阶段

计划阶段的工作包括对新产品的潜在市场、竞争力以及企业的资源匹配等能力进行评估，为新产品开发做好前期准备工作，铺平道路。这一阶段主要是建立新产品生产流程框架，完成初级的经济分析和市场评估，识别新产品的竞争优势。许多企业在开展新产品开发任务的过程中，仍采用传统的产品开发模式，仅仅以技术为本，倡导由内到外的设计，但是当掌握了核心技术和资金的时候，却未能进行市场跟踪，最终的产品并没有得到推广。

（三）设计阶段

在设计阶段，将设计师概念转化，通过生产设计得到现实休闲体育产品。设计师选定基本的素材、色彩、样式，对休闲体育产品进行款式设计，将绘制的休闲体育产品效果图交给老板（或委托者）；老板（或委托者）接收设计师草图，帮助设计师采购样品生产材料，将产品信息递交至工厂；采购员与老板（或委托者）商议产品计划，使产品计划可以保证休闲体育产品开发流程的连贯性和持续性。在制订设计计划时，要考虑设计人员的数量与整体素质及现阶段的销售情况和库存情况。综合以上因素，在开发休闲体育新产品之前就要对设计的内容和数量有一个明确的、详尽的计划。款式确定之后，老板（或委托者）复审产品计划，根据休闲体育产品系列规模寻找适宜的供应商；供应商依据设计初稿试制样品。样品完成后，进入调整阶段，设计师依据样品做出变化和调整，以适用于品牌推广；老板（或委托者）复审样品，匹配定价，做出适合品牌的修改和调整，并将材料交给供应商，供应商接收和处理老板（或委托者）反馈的意见。在休闲体育产品的研发阶段需要完成从平面设计图纸到产品立体造型的转变过程，营销人员经过初步的市场调查，收集消费者对休闲体育新产品的一系列反馈信息，判断产品是否达到预期的技术标准，以检验设计方案的真实效果。

（四）验证阶段

在验证阶段，首次做出的样品很可能与设计师预想的效果不一样。设计师、采购员、供应商的工作人员在产品开发过程中要时常进行思想交流和沟通，仔细分析产品开发过程中出现的问题，这样才能做出让消费者满意的休闲体育产品。休闲体育新产品在推出前，要确定其是否达到预期的技术标准，能否满足消费者的最新需求。可以通过开展试用休闲体育新产品的营销活动，调查消费者在未知测试的状况下对休闲体育新产品做出的自然的最初反应。因此，从最初的样品试制到最终的成品上市，需要经过一次次反馈和修正，最后投放市场的可能是经过无数次的改变和调整的休闲体育产品。休闲体育产品修改完成后，设计师制作产品线计划。产品线计划以产品流程为对象，内容包括资金计划、产量计划、产品组合计划以及上市时间安排等，是在公司发展战略和品牌市场定位基础上制订的一系列休闲体育产品开发计划，其有助于提高后续设计与开发的客观性和准确性；开发商敲定开发矩阵，从供应商接收最终价格；采购员制定销售列表；供应商发送成本样品到品牌仓库。

（五）发布推出阶段

设计师将直观的休闲体育产品计划送达销售团队；老板（或委托者）接收适合主体风格的样品，送达销售团队；采购员最终确定销售内容，送达销售团队；销售团队接收销售计划，明确休闲体育产品说明方案。之后进入分析阶段，采购员接收销售团队预测，编译销售请求，创建采购订单；生产部门与供应商确定交货期及休闲体育产品的最终价格。定位休闲体育产品市场价格时要考虑产品成本和市场竞争的因素，还要计算自身的毛利率和加成等指标。这些在休闲体育产品开发流程前期的资金计划中都会有设定，休闲体育新产品上市时所需的门类组合等也会在前期的产品线计划中有所体现。在休闲体育产品规划阶段，设计师复审销售团队意见；采购员最终确定销售数字，发送采购单给供应商；生产部门修改所有产品风格，制订生产计划，交给供应商；供应商订购批量生产原料，从生产团队接收更新的产品资料。在这一阶段，要考虑休闲体育产品开发流程中的各种不确定因素，减少市场环境变化带来的冲击，在保证质量的基础上，尽量缩短生产周期，尽快将休闲体育新产品投放到市场。在休闲体育产品生产过程中，生产部门监控生产规划过程；供应商依据采购订单订购批量生产原料，跟踪生产过程，制作休闲体育产品标签、包装等。在现代企业的休闲体育产品开发流程中，生产环节的比重有所降低，甚至有的被虚拟化，但其仍是确保休闲体育产品按计划上市的最后保障。从产品概念形成、市场调研、产品设计、调整修改、产品确认到产品生产上市，休闲体育产品开发流程的任务就顺利完成了。

（六）生命周期阶段

产品生命周期是产品的市场寿命，即一种新产品从开始进入市场到被市场淘汰的整个过程。产品生命周期一般可分为四个阶段，即投入期（或引入期、介绍期）、成长期、成熟期和衰退期。随着网络的日渐普及，在休闲体育产品开发流程中，信息技术的应用也是必不可少的。在休闲体育产品开发初期，企业通过网络信息技术收集并分析新产品的信息，以此来研究目标市场各消费者的需求，预测休闲体育产品的发展趋势。这样收集流行信息的方式更加方便和快捷。企业要通过信息化达到效益总体优化，就要将先进的信息技术贯穿整个休闲体育新产品开发流程过程，分阶段、分层次、有目标、有步骤地实行信息化管理，实现动态资源共享。在休闲体育新产品开发流程中，不同职能部门要在每个阶段各司其职，相互协作且紧密联系，使休闲体育产品顺利进入市场并获得最终的成功。随后，在产品生命周期的四个不同阶段同样要继续跟踪休闲体育产品信息，不得有丝毫懈怠，以期休闲体育产品销售获得最好的效益。

二、休闲体育产品开发的三种模型

（一）BAH 模型

在已提出的新产品开发流程模型中，最著名的是 1982 年由 Booz、Allen 和 Hamilton 提出的 BAH 模型。BAH 模型包括七个基本阶段，描述了产品开发从构想到投入市场所有环节的活动，如图 7 - 1 所示。BAH 模型的第一阶段是新产品开发策略，为新产品的开发提供向导，识别具有战略性的商业需求，从而开发出满足该需求的新产品；第二阶段是提出构想，对新产品的构想进行系统的研究，使其满足企业的战略目标；第三阶段是构想的评价与筛选，选择可以体现项目开发的战略目标、符合企业自身资源条件、本质上有开发潜力的产品构想；第四阶段是经济性分析，在可能的销路、成本、资本投入和利润预测等方面对产品构想进行进一步筛选，使其满足企业的财政目标；第五阶段为产品设计，将产品概念转化成有形的实体，其中涉及一些设计标准和测试方法，以保证新产品的技术可行性、功能性和安全性；第六阶段为测试与评价，通过对市场状况和最终产品模型的测试证实新产品可以同时满足用户和企业的需求；第七阶段为产品的市场推广。

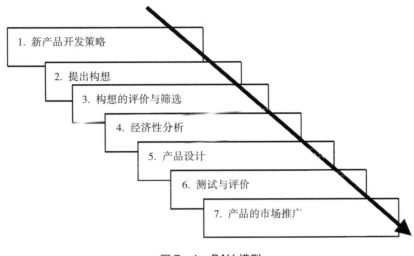

1. 新产品开发策略
2. 提出构想
3. 构想的评价与筛选
4. 经济性分析
5. 产品设计
6. 测试与评价
7. 产品的市场推广

图 7 −1　BAH 模型

（二）U&H 模型

Urban 和 Hauser 于 1993 年提出了新产品开发的决策流程，称为 U&H 模型。这一模型分五步：第一步是机会识别，包括寻找市场缺口，提出可以填补市场缺口的构想；第二步是设计阶段，这一阶段的主要任务是对用户需求进行全面的分析研究、设计产品、开发新的市场营销策略、产品定位；第三步和第四步分别为测试与推广，基本上，为了计划并追踪产品的推广活动，广告宣传、产品测试、推广前的预测和市场测试要同时进行；第五步，Urban 和 Hauser 将市场推广阶段扩展为产品的生命周期管理，以便企业可以随时监控产品和市场的动态，从而做出相应的措施调整。

与 BAH 模型相比较，U&H 模型包含了更广泛的内容，特别是在最后一步提出的超出 BAH 模型的"生命周期管理"概念，暗示了产品设计不是一个孤立的阶段，而是与产品开发的其他阶段相辅相成的。

（三）五步骤加 A −B 测试开发流程模型

通常情况下，休闲体育产品开发流程是通过五个步骤，即需求采集、方案设计、原型开发、测试改进、产品推出来实现的。生产企业往往通过市场调研或售后部门、销售部门得到用户的使用需求，对这些需求进行逐一挑选后，再通过企业内部对可行的方案进行论证，决定研发方向以及制定研发决策以后，交由技术部门进行新产品的开发及试制。在新产品样品出产以后，先由生产企业自行进行测试（A 测试），得出测试数据后，根据测试数据以及测试中出现的问题进行改进，改进以后再交由实际用户进行工业性试验（B 测试），通过工业性试验以后，改进成熟的休闲体育产品就可以进行市场销售及推广了。当开发休闲体育组合式力量练习器械时需要采用工业性试验。

三、休闲体育产品开发的关键因素与要求

（一）休闲体育产品开发的关键因素

1．产品质量

产品质量是企业的立"市"之本，是休闲体育产品开发的关键因素，也是企业实现可持续发展的最基本要求。

2．产品制造成本

产品制造成本关系到企业生产的利润，影响投资回报率，必须做到合理、有效地控制休闲体育产品制造的成本。

3．开发时间

开发时间长短决定新的休闲体育产品上市的效率乃至市场占有率。当然，开发时间对开发成本也有影响。

4．开发成本

开发产品所需工具和设备的花费通常占产品开发总预算的 50% 左右。开发成本是决定休闲体育产品开发效益的重要因素之一。

5．开发能力

开发能力是基于企业在业界的地位和企业自身的实力所反映出来的。开发能力涉及企业的总体效益、科技创新能力、经营管理水平、资本、人才储备等。

6．其他因素

影响休闲体育产品开发的其他因素，包括利益相关者的兴趣、产业链嫁接完备程度、资源整合能力等。

（二）休闲体育产品开发的要求

1．紧紧围绕顾客至上的原则

顾客至上是流程改进的核心原则。企业的一切活动都应围绕着顾客的需求和顾客的满意度进行。

2．追求价值增值

企业存在的目的就是为顾客创造价值，只有这样才能实现自身价值的最大化。企业创造价值即增值，是通过开发流程来实现的，即流程输出的价值大于输入的价值。

3．产品创新和开发流程创新

产品创新是使休闲体育产品技术性能发生变化的创新，如产品款式等的变化；开发流程创新主要集中在新产品开发环节中流程的优化和开发技术的改进方面，如引进新的生产设备、开发团队组织方式变革等。开发流程创新为产品创新创造条件和提供保障，促使企业不断设计、生产出市场需求的各种新产品；产品创新是开发流程创新和创新管理的核心，产品创新不是为创新而创新，而是提高企业应对市场变化能力的基本手段，也是企业可持续发展的动力和必然。休闲体育产品开发从管理角度分析，是企业为了适应消费者需求和环境条件的变化，从新思想的萌发、研究、发展、试制、生产制造到面向消费者的过程。创新成功与否不取决于其新颖度、科学内涵或者灵巧性，而取决于是否受到消费者青睐，是否在市场获得成功。市场需求不断多样化，产品生命周期逐渐缩短，这要求休闲体育企业市场反应速度越来越快。作为休闲体育产品开发流程的重要推动力，研发部门的压力日益增大，要综合考虑流行趋势、消费者需求、外部竞争和内部资源等各方面因素。因此，休闲体育产品开发的过程不再只是研发部门的事情，而需要各相关部门齐心协作。

4．对产品开发的精益管理

精益管理思想概念来源于日本丰田公司实行的即时生产概念，其核心是在企业生产制造的各个环节中彻底消灭浪费现象。目前，精益管理思想已由最初的在生产系统中的运用逐步延伸到企业其他各项管理活动中。精益管理思想要求休闲体育企业的各项活动都必须运用"精益"，其核心就是以最小的资源投入创造出最大的价值，寻求成本控制与质量进度保证之间的平衡，从而提升客户满意度，其目标就是企业在为客户提供满意的休闲体育产品和服务的同时把浪费降到最低程度。

5．重视产品开发的计划性

休闲体育产品开发的计划性体现在两个方面：一是时间上的计划，二是各项指标的设定。一般情况下，从调研与计划开始到休闲体育新产品的上市约需一年时间，所以常常会出现两季的产品开发同时进行但处在不同阶段的情况，因此需要严格做好每一季休闲体育产品开发的时间安排，对流程中各环节制定明确的日程表，编制详细的计划书，使各项工作都具有可操作性。指标的设定是指预先制定好目标营业额、平均库存量、库存周转率、生产销售比等量化指标，并与绩效挂钩，使后续的工作能有章可循、有的放矢，最后以此作为考核员工业绩完成情况的依据。

6．产品开发需要多部门协同合作

休闲体育产品开发不是某一个部门独立完成的工作，它需要策划、设计、生产、销售、客户等团队的协同合作。各个部门既要在决策者统一协调下执行各自的计划方案，又要得到充分的自由度，只有这样新产品开发工作才能有序地展开。

第二节　休闲体育产品开发流程管理中的门径管理系统

门径管理系统（Stage - Gate System，SGS）是把产品开发流程划分为五个阶段和五个关口。每个阶段由一组跨职能、跨团队小组来开展执行，完成每个阶段的工作任务；每个关口需要在企业内部建立决策制度，对上一阶段完成的工作进行评价与判断，确定是否开展下一阶段的工作，关口起到控制和决策点的作用（图7-2）。

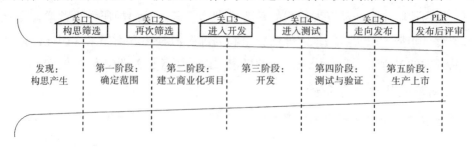

图7-2　SGS新产品开发流程

一、构思产生

构思是新产品开发流程的源头，企业通过很多途径来收集、获取产品开发创意。

进入关口1，企业内部由技术人员和市场人员组立跨部门评审决策小组，对收集的产品开发创意，根据企业战略一致性、市场吸引力、技术可行性、环境可变化性四个标准进行评判，不符合要求的产品开发构思将在关口1被淘汰。

二、确定范围

这一阶段的主要工作是初步评估，初步市场评估即确定市场规模、潜力与接收程度，塑造产品概念；初步技术评估即确定技术实施的可行性、时间、成本和法律风险。进入关口2，企业内部由市场人员和技术人员组成跨部门评审决策小组，对进入筛选的研发项目进行初步判定，对备选研发项目进行价值筛选，确定其是否进入商业化项目调研阶段。

三、建立商业化项目

这一阶段要针对筛选的有价值的休闲体育产品项目进行更细致的调研论证，企业内部应该组建由市场、研发、生产、财务等部门成员组成的跨组织产品开发团队，针对商业化项目形成商业立项书。进入关口3，企业内部由高管人员、市场人员、技术人员、财务人员、生产人员组成跨部门评审决策小组，对项目的市场开拓、开发进程、财务预算形成一致性意见。

四、开发

这一阶段主要由技术研发人员确定产品研发方案，开发出快速原型、首台样机或者小试产品，市场人员要不断反馈客户需求和市场变化，持续对产品的开发形成补充与建议反馈。进入关口4，企业内部由研发人员、生产人员、销售人员组成跨部门评审决策小组，对研究开发形成的样机或产品进行评估，对技术性能、成本控制、生产可行性、市场可行性等方面进行复审、检查与改进反馈。

五、测试与验证

这一阶段主要包括技术测试、客户接受程度测试、生产操作测试，并对财务成本及收益进行再次验证。进入关口5，企业内部由研发人员、生产人员、销售人员、财务人员组成跨部门评审决策小组，对产品测试进行决策判断。

六、生产上市

这一阶段注重的是生产计划及上市计划的正式实施。产品发布一段时间进入关口 PLR（发布后评审），将对新产品上市后的客户反馈、产品销售、成本利润、研发绩效激励等进行评估反馈，决定产品是否持续销售或者重新调整改进。

第三节 休闲体育产品生命周期与产品开发周期

一、休闲体育产品生命周期

（一）休闲体育产品生命周期的概念和影响因素

休闲体育产品生命周期是指休闲体育产品从准备进入市场开始到被淘汰退出市场为止的全部过程，是由需求与技术的生产周期所决定的，是产品或商品在市场运动中的经济寿命。

一种休闲体育产品生命周期的长短与多种因素相关，其中影响较大的是消费者需求的变化和产品更新换代的速度。前者是主观因素，后者是客观因素。无论是主观因素还是客观因素，都是以社会生产力的发展所提出的要求为前提的。产品的生命周期的长短也因产品的种类及性能不同而异，有的很长，有的很短。从总体上看，随着科学技术的进步和人们消费水平的提高，多数产品的生命周期呈现出缩短的趋势。这就对企业的决策者和经销人员提出了一个严峻的问题。如果不及时掌握自己产品的生命周期及所处的不同阶段，特别是不注意开发新产品，企业在市场上的竞争力就会瞬间锐减，甚至使企业处于一蹶不振的被动状态。因此，研究产品的生命周期问题具有特别重要的意义。它可以帮助企业正确判断不同产品的销售趋势，了解和分析市场情况及其发展动向，找出其变化的规律，从而为制定出正确的销售策略和新产品开发策略提供充足的依据。企业只有认真地这样做了，才能不断改进经营管理，提高经济效益和市场竞争能力。

（二）休闲体育产品生命周期的四个阶段

一般地说，休闲体育产品生命周期的阶段性是以销售量和利润额的变化为依据划分的，可以分为四个阶段：投入期、成长期、成熟期和衰退期。

（1）投入期。一件新产品开始投入市场进行试销的时候，称作投入期。这时产品的设计尚未定型，大批量生产能力也未形成。因而企业生产的成本高，产量也相对来说很少。由于产品刚上市不久，消费者并不了解这种产品的性能及用途，所以企业需要花费大量宣传费用进行营销，其中包括昂贵的黄金时间的广告费用支出。于是产品在试销期间成本一再上升，销量十分有限，企业获利也极少，甚至可能出现亏损，因此产品的投入期对企业来说是一个艰难的开端。另外，这一时期的营销策略应是使产品尽快进入下一时期，即成长期，以获取较大的市场占有率。为此，企业一方面要根据产品整体概念，提高和稳定产品质量，完善工艺，逐步形成批量生产，以适应市场需求和降低产品成本。另一方面，要大力加强促销活动，包括在昂贵的黄金时间以及影响大、销量广的报纸杂志上做广告，促使广大消费者了解产品的性能和用途，并由此对该产品产生兴趣。此外，要合理定价，避免价格过高拒顾客于门外，或价格过低难以回收成本，影响产品的形象。

（2）成长期。当产品经过试销期逐渐为市场所接受、上市量增加、销售越来越好的时候，产品从生命周期来说，就进入了成长期。这时产品已经定型，生产工艺及设备趋于成熟配套，产量激增，成本逐渐降低，利润额也迅速增加。在这一时期，该种产品已具有相当的市场占有率。但在高额利润的吸引下，生产和经营这种产品的厂家也逐渐多起来，市场竞争日趋加剧。原来生产此种产品的厂家独占鳌头的地位受到严峻的挑战。这一阶段产品已为市场接受，市场已出现购买热。这时，企业应在产品质量、品种、服务、价格上下功夫。一方面提高产品质量，增加花色品种和产品特色，满足更多的市场需要；另一方面继续开展促销活动，提高企业及产品的形象和知名度。企业还应扩大销售渠道，方便顾客购买，以获得更大的销售量。另外，企业还应研究竞争对手的状况，必要时可以适当降价，以取得价格竞争优势。

（3）成熟期。当产品已经基本普及并在市场上开始呈现饱和状态时，产品便进入了成熟期。这个阶段生产能力发挥充分，产品批量生产达到极限，成本下降到最低点，产品的销售量稳定，利润也达到最高峰。但由于产品品种增多，仿制品、替代品不断出现，特别是市场上出现了性能更好的同类产品，导致销售增长率减缓；竞争十分激烈，产品价格下降，利润也开始下降。这个阶段，企业应采取进攻性的营销策略，尽量延长这一阶段持续的时间。为此，企业可采取改进产品的策略，即改进产品的性能，增加系列产品，以吸引新的顾客，提高老顾客的重购率。再者，可采取改进市场策略，即改变销售方式，扩大销售对象，或开拓新的目标市场。另外，还可采取改进营销组合策略，通过对价格、分销、促销三个可控因素的改进来扩大销售。

（4）衰退期。当产品的生命周期达到最高点后，其增长速度便逐渐减慢，利润开始下降。这时在市场上出现了性能更好的同类产品，消费者的目光也开始转移到那些更加物美价廉的其他同类产品上，原来的这种产品就面临着被淘汰的危险。由于性能或规模品种更好的同类新产品占领了市场，原来的产品的生命周期也就进入了衰退期。与同类新产品相比，该产品陈旧老化，已不能适应市场要求，销售量迅速下降，产品大量积压，利润不断减少，甚至无利可图或亏本，最后被迫退出市场。而那些物美价廉的产品占领了全部市场，正处在黄金时期。面对产品难以避免的衰退期，企业要及时调整产品系列。除了利用原有设备选择生产在衰退期中具有某些优势的产品，以满足一些老顾客的需要外，更为重要的是采取果断措施将衰退期劣势产品迅速处理掉，及时用开发出的新产品占领市场，从而使企业保持不衰的竞争活力。

上述休闲体育产品生命周期的四个阶段：投入期、成长期、成熟期和衰退期，是一个产品从起步、兴盛、达到饱和点及衰亡的全过程，形成了一个抛物线的几何图形，这是一切事物所经历的发生、发展和灭亡的规律在产品市场销售中的反映，充满了唯物辩证法的观点。产品生命周期是客观存在的，周期的阶段及其特点也具有规律性。但就某一件产品来说，由于进入市场后遇到的具体情况不同，其市场生命以及生命周期各阶段的长短也不尽相同。例如，有的产品试销后就立即成为畅销的商品，直接进入成长期；而有的产品投放市场后则无法进入成长期及成熟期，从而被迫淘汰。因此，企业必须根据大量数据和资料进行细致的分析和研究，才能对产品生命周期的状态做出较符合实际的正确判断，从而采取相应的营销策略。产品生命周期是客观存在的，而市场需求是千变万化的，企业要在激烈的市场竞争中求得生存和发展，获得较好的经济效益，就必须适应瞬息万变的市场需求，不断开发出新产品，这样才能够在一种产品的生命周期完结的时候，及时地用新产品占领市场，使企业的生产经营活动处于长盛不衰的境地。

二、休闲体育产品开发周期

（一）产品开发周期的定义

由于对开发起点、终点的认定差异，产品开发周期的定义有多种，大致分三种类型：一是开发时间，指从产品的具体设计到产品最终上市；二是从概念到面对顾客的时间，指从确定产品功能的概念设计到产品最终上市；三是总开发时间，指从产品构思到最后上市。目前，第三种定义得到了较广泛的认同。但有专家认为，如果加上企业从收到产品开发信号起至企业做出开发决策止这一段时间，则该定义会更加完善。所加的这一段时间的长短反映了企业对市场需求的洞察和反应能力，以及制定产品开发战略的能力。故此，本书将产品开发周期定义为企业从获得产品开发信号起到产品经规模生产推向市场并满足消费者需求止这一全过程所用时间。

（二）产品开发周期的三个阶段

第一阶段：开发决策阶段。这一阶段是指企业根据接收到的开发信号，对市场机会、竞争者威胁、自身开发能力、可用的开发资源等各方面的情况进行分析，进而做出是否进行产品开发的决策。

第二阶段：概念设计阶段。这一阶段是指产品开发小组对顾客需求进行确认，对技术可能性进行评估，最终形成产品概念。这一阶段的时间实际上就是企业对包括最新需求变化在内的新信息以及技术和其应用环境之间权衡优化的机会窗口。

第三阶段：项目实施阶段。这一段包括完成产品设计、预测试、市场测试和市场导入等工作。

（三）缩短新产品开发周期的秘诀

激烈的市场竞争，要求企业快速开发出新产品。谁能以市场需要的新产品抢先，谁就能获得良好的经济效益。因此，快速开发新产品是每个企业的追求。美国加利福尼亚州的雷勒先生提出了正确缩短产品开发周期的秘诀。

（1）把着眼点放在用户身上。要想在开发新产品的竞争中取胜，就应快速启动，并把重点放在扩大用户与设计人员之间的接触和交流上。此外，设计部门还应配置具有市场才能的员工。

（2）设计应先于计划完成之前进行。不要等待观望，以免延长产品开发周期，应尽可能早地完成设计工作。

（3）把重点放在新产品开发中的大事上。事实上，要准确估算出解决某个工程问题所需时间是不可能的。当计划越做越细时，它本身也会更加不可预测。

（4）在产品设计过程中，始终保持产品品种的通用性。目标不定，会使众多设计人员沮丧。目标的变化通常有三个因素——用户要求发生变化、竞争者推出新产品、设计初期确定的内容有误。

（5）应充分重视新产品开发的速度，不要过分看重产品开发中出错频率的高低。事实上，解决工程问题最有效的方法是首先创造出一些简单的模式，如果实践证明它们有错误，再进行改造。这样做可能首次会出错，但它会提高开发的速度。当设计只停留在纸上时，许多的假设仍然未经检验。过分注重图纸上的完善性反而会延缓产品开发进程。

（6）应尽量地放权给设计者而不去控制他们。快速开发新产品极大地依赖于激发广大员工的积极性，这是不可改变的真理。

（7）在产品开发过程中，严格限制正式会议的次数，用随意的管理模式管理新产品开发。要缩短产品开发周期，通常只需两个关键会议：一是在项目开始时，授权给设计人员；二是在设计完成时，总结成绩。其他会议只会延缓整个开发过程。

（8）给产品设计人员充分的权利，让他们自己确定开发高质量新产品的必要途径。

（9）留有进行分析的空间和时间。要快速开发新产品，分析不容忽视，特别是对复杂的产品，不经试验，其设计不能生效。

（10）把重点放在使产品规格适应市场需求上。技术风险指产品设计不能满足产品规格，市场风险指产品规格不能满足市场要求。产品开发周期越长，市场风险越大。

（11）谨慎地建立一支有自主权的开发新产品的队伍。

（12）学会在无上级主管部门干预的情况下确定需优先考虑的事务的方法。

（13）速度具有极大的价值，这一点必须用于为缩短产品开发周期做出完善的决定。

第四节　休闲体育产品开发的成本

一、休闲体育产品开发的成本的基本概念

成本是指产品在开发、生产和流通过程中所需的全部费用。休闲体育产品开发的成本是指该类产品在开发期间投入的所有费用。休闲体育产品开发的成本和开发的时间长短往往决定了产品的销售价格。

二、休闲体育产品开发的成本控制

休闲体育产品开发的成本控制是指在休闲体育新产品开发过程中，对产品的开发成本进行科学的、系统的、有组织的预算、控制、设计、决策、分析和考核等管

理工作。休闲体育产品在开发过程中，企业管理者应当对企业的技术水平、基础设备条件以及人员的综合素质有一个清醒的认识，从而实现新产品的开发。据有关资料介绍，在成本起因上，60%～70%的产品成本是在新产品开发阶段形成的，在新产品开发阶段控制成本，就能控制住成本的70%左右。新产品开发的程序是"设计—试制—试验"循环进行的，直到产品设计最终完善。在新产品设计阶段进行成本控制，投入小，但效果巨大，能够起到事半功倍的作用。反之，如果在新产品开发阶段没有重视对产品成本进行控制，而是等到后期再采取措施，不只是能够降低的成本非常有限，而且由于产品的设计属性很难再更改，由设计缺陷导致的产品缺陷造成的损失是无法估量的。

在新产品开发阶段，产品设计人员就应该系统地考虑对以后的采购、生产加工制造、物流运输、销售等阶段造成的影响。在保证产品质量的情况下，剔除一些无关紧要且成本消耗较大的功能，充分考虑实际生产中的需求，尽量减少投产后的变动。

第五节　休闲体育产品开发完整步骤解析

产品开发过程是制造型组织的核心流程，它涉及企业众多的部门，如设计、工艺、生产、质保、供应、财务等部门；它经历众多环节，从技术经济可行性论证、产品研制到最后产品定型投入批量生产。随着市场环境的日益变化，人们越来越认识到改善休闲体育产品开发工作流程是提高企业竞争能力的关键。只有抓好休闲体育产品开发过程的管理，才能快速开发出高质量、低成本的休闲体育产品，从而使开发出的休闲体育产品具有较强的市场竞争力。流程再造和产品开发管理都是为了更好地满足市场需求，从而提高效率，赢得市场，实现企业的可持续发展。两者的目标是统一的。创意休闲体育产品的开发拟运用流程再造的思想，提出新的产品开发管理模式，这一模式以开发周期短、产品质量高、开发成本低、用户满意度高为目标，应是制造型企业未来休闲体育产品开发的主要模式。

一、传统的休闲体育产品开发管理模式特征

产品开发活动指产品从概念开发到产品销售的一系列活动。一般来说，常规的休闲体育产品开发主要由用户需求、概念开发、设计目标、总体设计、详细设计、测试改进、投产几个阶段组成。传统的休闲体育产品开发过程都要对休闲体育产品

进行明确的定义，把前一阶段的成果作为下一阶段工作的基础。这种开发过程一旦在传递过程的下游发生问题，需要修改，整个流程就要重新进行一次。传统的休闲体育产品开发过程往往会造成休闲体育产品开发的重复性劳动，使开发周期延长，成本增加。传统的休闲体育产品开发管理模式存在着新产品开发不足、技术进步缓慢等诸多弊端，其表现为：①制造型组织高层管理者没有从战略高度重视休闲体育产品开发工作，缺乏对休闲体育产品开发成功的决定因素的足够认识。在研发方面，企业没有形成完善的发展战略。②开发过程多采用串行工程工作模式，往往陷入设计、试制、修改、设计、再试制的循环过程，造成重复劳动，延长了开发周期。③设计与工艺、制造、销售等缺乏协作，相关部门间缺少沟通，开发过程局部虽采用了一些先进技术，但由于信息不畅，难以形成整体优势。④由于长期粗放经营，原材料与半成品管理不善，积压大量资金，开发效益不高。⑤整个开发过程供应商与客户参与程度低，未形成良好协作关系，满足客户需求的速度慢、程度低。上述表现严重制约了我国制造型企业开发休闲体育产品的能力，影响了企业在激烈的市场竞争中的地位。休闲体育新产品开发是一项高效益、高风险的活动，在传统模式下，有些企业半途而废，甚至以失败告终。正是由于休闲体育产品开发的很多制约因素，加上企业研发经费不足以及外部环境限制增多，加快开发周期，按科学的休闲体育产品开发管理模式进行工作，显得尤为重要。

二、基于流程再造的休闲体育产品开发管理模式构建

（一）原理

基于流程再造的休闲体育产品开发思想充分吸收了 BRP（企业流程再造工程）的管理理念，要求在对传统休闲体育产品开发工作进行分析的基础上，对原有流程进行根本性思考，打破职能单位之间的界限，重新组织各开发环节，同时鼓励外部业务单位充分参与开发的全过程，达到开发速度快、开发成本低、开发质量高，同时满足客户需求的最终目标。

实现新的模式，要对休闲体育产品及其下游各个阶段（分析、设计、制造、销售等）进行协调，让市场活动、设计活动、制造活动都能参与从概念开发到投产、市场化的整个阶段，从而实现对休闲体育产品开发重组、优化的目的。在新的流程中，减少了大循环，增加了小循环，加强了反馈，使参与开发的人员能充分考虑到自身工作在一个良性系统中，从而增强互动，提高效率。更重要的是，在新的模式

下，供应商与客户参与开发工作，实现了真正的协作，加快了开发周期，降低了开发成本，提高了休闲体育产品质量。当然，这是一个不断循环往复的过程，只有在这一过程中才能实现企业休闲体育产品开发的重组优化。

以流程再造为基础的休闲体育产品开发管理模式必须充分利用先进的计算机管理技术及网络通信技术。制造型企业要结合自身的实际情况，建立起先进的休闲体育产品开发管理系统，从而加强对休闲体育产品开发流程的管理。

（二）模型

在传统模式下，休闲体育产品开发每一步都要落实到具体部门、科室和小组去完成，并在这种传递过程中实现物流、价值流、信息流的流动。此时，具体的休闲体育产品开发流程应为市场调查和预测→产品开发设计决策→概念开发→方案评估→详细设计→方案评估→工艺准备→物料采购→生产制造→检测入库→市场销售。

（三）实施要求

1. 公司管理层的承诺与支持

公司管理层的承诺与支持是休闲体育新产品开发流程得以成功的前提条件。因为管理层掌握着构建新模式的时间与资源分配权力。要想取得变革的最终胜利，没有管理层的支持，是不可想象的。

2. 组建集成产品开发团队

组建集成产品开发团队（integrated product team，IPT），并赋予一定权限，是休闲体育新产品开发流程取得成功的组织保证。根据休闲体育产品开发阶段不同，组织不同领域的专家，组成多功能项目小组。IPT 的成员来自各功能部门，他们代表休闲体育产品全生命周期的各个环节，在开发过程中做出决策，集体对 IPT 所开发的产品负责。设立 IPT 的最大好处是能在休闲体育产品开发过程早期，通过跨部门的信息交流，减少发生错误的数量。由于 IPT 具有闭环信息交流和早期问题识别功能，休闲体育产品开发与制造周期被大大缩短了，跨部门之间的信息交流促进了各项工作的变革。

3. 改造企业文化

BRP 是管理的一个工具，绝不是管理本身。新流程的规则设计与实践，甚至再创新，其关键因素是人，人的思维模式决定着流程设计品质、导入接受程度，以及后续的执行成效和再创新成果。因此，BRP 的设计与执行工作应建立在良好的企业文化及价值观之上，唯有如此，才能看到流程绩效的显著改善。若不改造企业文化，则再造工作非常容易失败，即使成功，改造的成果也会因为不受组织成员认同而无法维持。因此，改造企业文化必须成为企业休闲体育产品开发流程再造中的一项重要工作。

4. 充分利用信息技术

BRP 是伴随 MIS（管理信息系统）在企业中的应用而产生的一种管理新思想，是企业实现高效益、低成本的战略措施。BRP 和信息技术是密切结合的，BRP 若没有信息技术的支持，将无从谈起。构建基于 BRP 的休闲体育产品开发管理模式，一方面要考虑到休闲体育产品开发工作的具体流程，另一方面要结合自身实际，充分利用计算机技术与网络技术、大数据、云计算、智能化等，最大限度地发挥整体优势。

第八章　未来休闲体育产品的设计

第一节　休闲体育产品智能化设计

智能化设计是对人脑思维的信息过程的模拟。对于人脑思维模拟可以从两条道路进行：一是结构模拟，即仿照人脑的结构机制，制造出"类人脑"的机器；二是功能模拟，即暂时撇开人脑的内部结构，而从其功能过程进行模拟。现代电子计算机的产生便是对人脑思维功能的模拟，是对人脑思维的信息过程的模拟。

人工智能（Artificial Intelligence，AI）是研究、开发用于模拟、延伸和扩展人的智能的理论、方法、技术及应用系统的一门新的技术科学。人工智能是计算机科学的一个分支，它试图了解智能的实质，并生产出一种新的能以与人类智能相似的方式做出反应的智能机器，该领域的研究包括机器人、语言识别、图像识别、自认语言处理和专家系统等。

一、可穿戴式智能化休闲体育产品设计

可穿戴设备是指能直接穿在人身上或能被整合进衣服、配件并记录人体数据的移动智能设备。可穿戴设备通过对人的体征数据的解读来满足人们科学锻炼和个性化的双重需求。

（一）可穿戴式智能化休闲体育产品设计基于三个应用领域

1. 基于运动生活方面的应用

基于运动生活方面的应用的目标使用者是关注运动健身的人群。在亚健康和个性化健康管理观念日益普及的情况下，人们开始利用可穿戴设备对健康状态进行规划与管理，并使之融入生活。人们利用设备实时记录和管理自身每天的运动量、食物摄入量、消耗的热量以及睡眠状况，从而有效督促自己利用运动健身等手段保持身体健康。例如，谷歌公司的 Android Wear，它可以为用户提供有用信息（如新闻、天气以及即时通信等），同时可检测用户身体健康和健身状况（如

人体血压、血脂等）；Jawbone 公司的 Jawbone UP3 智能手环具有心率监测、识别日常活动、智能睡眠轨迹三项功能，拥有在个体运动时体内水分下降的情况下提醒用户喝水、判断睡眠质量等强大功能。市场上种种同质的休闲体育产品都已表明，体育活动已然是人们社会文化活动不可或缺的一部分，高科技产品加入体育元素是当前众多产品设计的趋势。在体育活动发展为人们生活的"必需品"的过程中，可穿戴设备扮演着重要角色。

2．基于大众健身方面的应用

基于大众健身方面的应用，其目标人群是运动爱好者。运动已是现代生活必不可少的社会精神活动，尤其是可穿戴式休闲体育产品的加入，更加激发了人们的运动热潮。人们利用设备充当记录员，如市场上大多数可穿戴式休闲体育产品具有监测体外数据（如配速、距离、时间），以及体征数据（如最大/平均心率、耗氧量、卡路里）等功能。有些智能手环（如 Pluse Play G1 手环）能够帮助小球运动爱好者记录实时的比分，并且储存比赛的历史纪录，配合移动客户端还可以找到本地水平接近的运动爱好者相约进行切磋。更深层次的，人们使用设备充当社会体育指导员的角色，即利用可穿戴式休闲体育产品记录的数据制订科学化的健身计划。运动中，运动爱好者根据实时记录信息随时调整身体状态（如跑步时的步幅、频率以及呼吸等），以期以更好的状态完成健身运动并获得最佳健身效果；运动后，运动爱好者可以统计一次或多次的多个运动参数来分析运动情况，以此避免运动疲劳或是运动不足。

3．基于专业运动方面的应用

基于专业运动方面的应用，其目标人群是职业运动员，主要应用在橄榄球、篮球、跑步、滑雪、游泳等运动领域。例如，可穿戴设备应用在滑雪时能够确认运动员在雪山上的方位、高度、滑行速度；应用在游泳时则能够在运动员持续运动的情况下提供耗氧量、心率和最大的心脏承受能力等数据。同时，在大球运动中，众所周知，运动员安全问题一直是困扰职业球赛发展的瓶颈。可穿戴设备有助于运动员提高运动成绩和延长职业生涯。美国职业棒球大联盟（MLB）和国家橄榄球联盟（NFL）早就开始运用可穿戴设备对大量的数据进行搜集、统计分析，从而制定出合理的战略技术。可穿戴式休闲体育产品的发展使体育和科技实现了完美的融合，这种专业化的产品，不仅可以监测运动员在比赛中的相关数据用以规划球队策略和改善训练方式，更为运动员的人身安全和受伤保护提供了有效途径。

（二）可穿戴式休闲体育产品智能化发展的主要特征

1. 可视性——体育参与者运动效果的量化

作为可穿戴设备的共性特征，数据采集及其准确性必然是可穿戴式休闲体育产品在发展过程中突出的首要特点。从运动参与这个特殊的内容范畴来看，可穿戴式休闲体育产品中的体征数据可量化的特点给人们在运动过程中带来更多的直观感受，即可视性。换言之，可穿戴式休闲体育产品不再仅仅依靠时间或距离来判断运动参与者的运动层级或是身体状况，而是在智能腕带、智能手环或是手表中内置多种微型传感器，记录体育参与者运动时的体征数据，如心率、卡路里、血压等，传输至互联网后对各种数据进行分析，使体育参与者能够实时对自身健康或是运动情况进行管理，实现科学健身、培养健康的生活观念。智能技术的方兴未艾不仅使体育原有的运动对象和运动时空发生了质变，而且大大增加了新的运动形式和运动对象。据高德纳（Gartner）公司分析师安杰拉·麦金太尔（Angela McIntyre）介绍，在北美与西欧已经出现了"生活记录"的风潮，许多消费者开始关注生活中的个人信息，包括睡眠与心情、日常活动、生物识别特性等。就个人健康管理而言，可穿戴设备恰好实现了体育参与者生理特征的可视化。

2. 社交性——体育参与行为互动的手段

现今社交分享已是电子产品司空见惯的应用方式，飞速发展的社交网络已是互联网时代不可或缺的内容载体，可穿戴式休闲体育产品毫无疑问地增加了社交应用，即在运动数据量化的基础上，可穿戴式休闲体育产品赋予体育参与群体的运动社交也是其重要特性之一。在运动社交行为的一系列环节中，可穿戴式休闲体育产品的介入让以身体活动为基础的运动社交有了数据基础。尤其现今轻器械、多场景、多互动的运动社交在移动互联网环境中变得越来越普遍，成为一种新的社交方式。例如，很多可穿戴式休闲体育产品公司邀请运动达人、专业运动员以及健身教练加入，通过这些专业用户的分享以及互动满足众多体育参与者对科学化健身的需求，有效增强了运动社交。不可否认的是，可穿戴设备俨然成为促进人们参与体育活动举足轻重的外在诱因，它不仅为群众提供专业且个性化的运动方式，更在与社会环境的交互中推动着体育本身的社会性发展。因而，可穿戴式休闲体育产品凭借与科技、社交的有效结合以及简单易行的操作方式使体育运动方式变得愈发丰富和有趣。

3. 便携性——健身与时尚的有机结合

可穿戴式休闲体育产品较之传统的运动器械，更为重要的区别还在于其便携性。

具体而言，当前的可穿戴式休闲体育产品除了从外观上设计为手表、手环以及腕带等配饰形式之外，还可以被设计成衣服、鞋子等，有效增加了实用性。从便携性上看，可穿戴式休闲体育产品远远高于目前的智能手机，甚至某些可穿戴设备本身就是被设计用来鼓励用户24小时佩戴的。通过与可穿戴设备的连接，移动互联网和人体之间的信息交互突破了时间和空间的限制。可穿戴式休闲体育产品正是将科学健身和个性时尚二者巧妙结合，不仅外观设计上具有独特、高雅的品位，彰显个人运动健康的魅力，而且在科技与人的互动性问题上创造了"以人为本，人机合一"的软件支持与数据交互的运动方式及生活习惯。基于此，可穿戴式休闲体育产品以身体运动为本质特征，通过电子传感器获得数据并同步互联网云端进行数据分析，发挥其功能，引领了健身市场新科技潮流，使体育参与者体验了前所未有的时尚感和新鲜感。

4. 科技性——满足不同层次运动需求的高性能

当前，国际体育用品的发展已经高度科技化，各种体育用品都是高科技的化身，新材料、新技术、新设计元素不断应用于体育用品的生产。现今的科技环境提供了可穿戴式休闲体育产品的高性能，满足了人们不同层次的运动需求。软硬融合和集成应用是主要应用于可穿戴设备的技术，其主要包括智能传感技术、智能交互技术、柔性电子技术和数据处理技术。智能传感技术包括惯性传感、生物传感和环境传感等技术，能够实现运动跟踪、数据收集和信息传输等基本功能；智能交互技术能够满足和提升人们运动参与的核心体验，具有提升体育参与者对环境的感知能力和设备对个体的操作反馈能力；而柔性电子技术则使可穿戴设备更加贴近人体，并充分发挥柔韧性和轻便性的优势；数据处理技术是可穿戴设备基于柔性电子技术，采集并处理大量的人体健康数据，利用云计算等技术统计分析用户健康数据的规律性，为用户健康生活提供可行性建议。可穿戴设备的科技性，不仅能满足体育参与者不同层次的需求，也是保持体育用品具有持续竞争力的根本因素。

二、智慧体育公园

（一）什么是智慧体育公园

智慧体育公园是新时代社会智能化发展的产物。2020年10月10日，国务院办公厅印发《国务院办公厅关于加强全民健身场地设施建设发展群众体育的意见》，要求推进"互联网＋健身"，提高全民健身公共服务智能化、信息化、数字化。从此，体育公园和一些城市体育综合体必然会逐步向以大数据智能化为引领的智慧体育公园转型。智慧体育公园依托"互联网＋大数据"，可以涵盖从检测、评估、制定运动方案到执行的健身全流程。智慧体育作为一种经济增长方式、新的城市发展模式，不仅在为大众健身生活提供更加美好的体验，也在为推动体育产业高质量发展赋予能量。科技助力体育产业是多形式、深层次、全方位的，计算机技术、虚拟现实技术、体感技术、人工智能、大数据将迎来革命性的应用爆发期，成为变革体育消费方式、优化体育产业供需结构、延长体育产业价值链、提升体育产业竞争力的强劲动力。

智慧体育公园是指借助人工智能、大数据、云计算等智能化技术，将体育公园内各类设备等与公园环境充分融合，根据物理空间与虚拟空间两个维度构建起的体育生态系统，可实现多元化、智能化的场景体验，点燃运动激情，创领智慧全民健身新地标。

（二）智慧体育公园的价值亮点

1. 打造全民健身新地标

智慧体育公园能充分利用郊野公园、城市公园、公共绿地以及城市空置场所等建设群众体育设施，承载体育文化，提升城市风貌。

2. 凝聚城市文化魅力

智慧体育公园通过与政府、企业联动，点亮城市一道活力风景线，彰显城市文化魅力。

3. 提高管理效率

智慧体育公园以互联网尖端技术构建政府、企业、市民三大主体的信息共享大平台，实现了互通、互联、智能、高效。

4. 创新盈利模式

智慧体育公园通过创建全民健身数据库，运用人工智能算法得出分析结果，让营销、运营更简单。

5. 提升全民素养

智慧体育公园是更加智能、绿色、节能环保的公园管理系统，能够促进市民拥抱智能化、互联化，提升全民素养。

（三）智慧体育公园建设方案

1. 智慧体育公园管理模式

智慧体育公园建设方案整合了多项新信息技术，一整套技术可以同时支持手机App、微信小程序、人脸识别、智能穿戴设备等多种方式与云平台进行数据传输，可以满足不同人群不同的锻炼需求。实现多元化数据采集，数据互联互通。平台统一管理，用户体验便捷，做到以测、评、导、练为核心，科学指导健身，为大众提供科学的智慧化全民健身服务，为管理机构提供真实、准确、有效的运动数据以及高效率智慧化、无人化的便捷管理方式，打造一个智慧平台＋智慧管理＋智能设施＋大数据的体育公园管理模式。

2. 智慧体育公园结构设计

（1）软件平台部分。

软件平台部分包括公园方智能健身设备管理与服务云平台、游客方微信小程序。其功能特点如下。

运动处方：根据体测数据出具运动建议，科学指导健身。

实时播报：实时语音反馈运动计划完成进度、能耗、时长、速度等。

意外处置：长按运动界面"SOS"数秒，系统直接拨通紧急联系人电话。

运动排名：全国、全省、同城及活动多种排名方式；月、周、日的二级排名查询。

积分商城：运动积分累计兑换礼品，增强锻炼者运动黏性。

个人信息：个人信息的修改、登录、积分兑换记录、紧急联系人设置等。

（2）智能硬件部分。

①智能工作站。

智能工作站将最新数字化技术运用于健身步道，突破了数据采集的条件限制，使运动检测更加方便、安全和全体实现。智能工作站自带电源和传感网络，可安装在现有的监控杆、路灯杆、广告杆上，施工方便、快捷，不破坏周边现状，无须开挖预埋。

②智能互动大屏。

智能互动大屏在界面提供走路指导视频、时间指导、健康服务、综合排名、App下载指导等服务，用户可自助选择所需功能，达到学习与科学健身的目的。其可在各个区域分别设置、同步显示运动排名等信息，实现互动与共享。

③智能运动指示牌。

智能运动指示牌采用双层单体设计，人物造型在底层上凸起显示，人物造型采用镀锌板材质；能耗指示牌主体采用镀锌板材质，内部采用框架结构，保证整体的应力强度，双面上彩，正面呈现文字、图像内容。内置 LED 显示屏，显示步道米数；内置感应模块及语音播报模块，用户经过标牌时自动播报步道相关内容。预埋安装要求：基础地埋深度不小于 100 厘米。

④智能健身柜。

智能健身柜是基于智慧核心技术，融合物联网、云计算、人工智能、大数据以及智慧体育生态为基础的小件健身器材储物柜，可为市民提供多款小件健身器材。市民在休闲时间段，不必为找不到健身器材而烦恼，只需要拿出手机扫码，就可以轻松拿到需要的健身器材。

⑤智能多功能柱。

智能多功能柱通过太阳能供电，可以通过人脸识别的方式采集锻炼者的运动数据，也可以通过手机 App 或者小程序采集运动数据，通过微表情采集及人脸识别技术无感捕捉采集锻炼者的心率、体温和呼吸。它具有一键报警按钮，能自动连接园区管理方，园区管理方通过后台可及时得知哪里发生了意外状况，并根据情况进行远程视频通话救助。

⑥智能户外体测。

智能户外体测可以进行的测试包括平衡测试、握力测试、纵跳测试、身高测试、体重测试、体脂测试、心率测试、背力测试、反应测试等。其支持人脸识别功能、手机 App、小程序功能，支持多人同时测试，高效快捷。

⑦客流眼、多功能气象站及运动标牌。

客流眼是对步道或者公园人流量进行实时的数据采集、科学的流量分析、有效的人员引导、及时的人员导引信息发布等措施，最大限度地保障人员在步道或者公园内的合理有序运动。

多功能气象站是对步道或公园内的风速、风向、雨量、空气温度、空气湿度等要素进行全天候现场监测。其可以通过专业配套的数据采集通信线与智能互动大屏进行连接，将数据传输到互动大屏上，实时为锻炼者反馈天气情况、户外运动适宜指数。

运动标牌由多位运动健康专家精心设计，采用通俗易懂的语言阐明科学锻炼的理念，用口诀的方式讲解各种健身的方法、功效、注意事项，从而更好地激发群众健身的热情与兴趣。

（四）智慧体育公园设施设备供货商

对国内智慧体育公园的调研结果显示，目前我国智慧体育公园设施设备供货商主要有好家庭、舒华等。

图 8-1 至图 8-9 是某公司提供的智慧体育公园解决方案和设备。

图 8-1　方案 A 展示

图 8-2　方案 B 展示

图 8-3　体测多功能训练站

设计方案: 室外智慧健身房
INTELLIGENT OUTSIDE THE GYM

智能五方位体测亭

01　超大遮阳棚,遮阳、避雨,体观人性化设计

04　太阳能电池板提供电量,环保、高效

02　灯光系统,智能控制,配置广告宣传灯箱

05　超大指示牌以及动作指示,方便使用者操作

13项身体功能测试:
1. 身高、体重、体成分、静态心率
2. 反应时、握力
3. 坐位体前屈
4. 仰卧起坐、俯卧撑
5. 闭眼单脚站、纵跳、新功能、心理压力

03

06　内置蓝牙模块,可与手机实时连接,同步显示、记录自己的测试数据,并开具科学运动处方

图 8-4　智能五方体测亭

设计方案: 室外智慧健身房
INTELLIGENT OUTSIDE THE GYM

智能自发电训练器材

屏幕可实时显示使用者运动时长、消耗卡路里等运动信息

内置蓝牙模块,可与手机实时连接,同步显示、记录自己的运动数据

内置自发电装置,满足自身用电需求,低碳环保

座椅高度可调节,满足不同身高使用者需求

根据客户需求,可个性化定制器材配色,满足不同客户、不同场地环境需求

采用磁阻为阻力,有效避免惯性对人体造成损伤,阻力值可通过器材屏幕或手机App直接调节

图 8-5　智能自发电训练器材

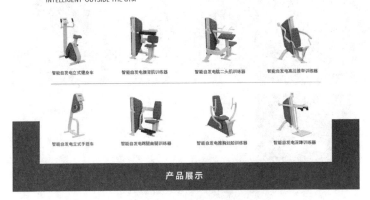

图 8-6　室外智慧健身房

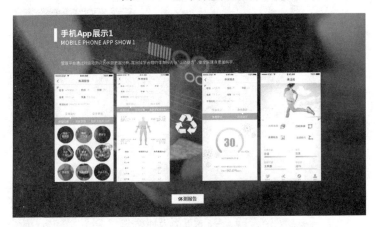

图 8-7　手机 App 展示 1

图 8-8　手机 App 展示 2

图 8－9　后台展示

第二节　休闲体育智能机器人

　　智能机器人至少要具备以下三个要素：一是感觉要素，用来认识周围环境状态；二是运动要素，对外界做出反应性动作；三是思考要素，根据感觉要素所得到的信息，思考出采用什么样的动作。感觉要素包括能感知视觉、接近、距离等的非接触型传感器和能感知力、压觉、触觉等的接触型传感器。这些要素实质上相当于人的五官，它们的功能可以利用摄像机、图像传感器、超声波传感器、激光器、导电橡胶、压电元件、气动元件、行程开关等机电元器件来实现。从运动要素来说，智能机器人需要有一个无轨道型的移动机构，以适应平地、台阶、墙壁、楼梯、坡道等不同的地理环境。它们的功能可以借助轮子、履带、支脚、吸盘、气垫等移动机构来实现。在运动过程中要对移动机构进行实时控制，这种控制不仅要有位置控制，而且还要有力度控制、位置与力度混合控制、伸缩率控制等。智能机器人的思考要素是三个要素中的关键，也是人们要赋予机器人必备的要素。思考要素包括判断、逻辑分析、理解等方面的智力活动。这些智力活动实质上是一个信息处理过程，而计算机则是完成这个处理过程的主要手段。智能机器人具备形形色色的内部信息传感器和外部信息传感器，用来模拟视觉、听觉、触觉、嗅觉。除具有感受器外，它还有效应器，作为作用于周围环境的手段。这就是"筋肉"，或称自整步电动机，它使智能机器人的手、脚、鼻子、触角等动起来。智能机器人能够理解人类语言，用人类语言同操作者对话。在它自身的"意识"中单独形成了一种使它得以"生存"的外界环境——实际情况的详尽模式。它能分析出现的情况，能调整自己的动作以达到操作者所提出的全部要求，能拟定所希望的动作，并在信息不充分的情况下和环境迅速变化的条件下完成这些动作。

一、排舞智能机器人

排舞是一项通过丰富的舞步变化和段落循环将舞蹈、音乐、体育、文化等有机结合，通过风格各异的舞蹈形式和音乐元素，实现娱乐身心的健身运动。排舞以脚步动作为主，分单人排舞、双人排舞、小集体排舞、大集体排舞等多种表演方式，其因具有风格多样化、难度系数可选择性大、对参与者舞蹈基础要求低等特点，极易被大众接受。

排舞智能机器人具备拟人化特征。所谓拟人化是指将人类的特征附加于非人类个体，使其被看作有生命、有感觉和思想的人。排舞智能机器人的拟人化特征具体表现为三个方面：外形拟人化、技能拟人化、互动拟人化。外形拟人化是指排舞智能机器人的头脑、躯干、四肢与人体相似。技能拟人化是指排舞智能机器人具备动作表现力、动作控制力、风格表演技巧等排舞表演技能。互动拟人化是指排舞智能机器人在履行排舞推广员、排舞教练员、排舞社会体育指导员的职责与义务时，具备互动能力，可不断提升互动水平，增强人机关系。具备拟人化特征的排舞智能机器人不会产生消极情绪，可持续性激发受众的学习积极性与主动性。

相比于人类推广者，排舞智能机器人具备风格演绎教学动作精准、曲目教学记忆全面等优势，可弥补人类推广者在排舞推广过程中的不足。首先，排舞分为升降起伏、律动、平滑、古巴、街舞、舞台、民族舞、曳步舞八大风格，不同风格的演绎技巧不同，动作多样且易混淆。由于人类推广者肢体动作空间感、肢体表现力等水平不同，其风格演绎教学动作的精准度成为难点问题，而在排舞智能机器人的动作编程阶段，我们可以通过精准的动作模块设计实现动作的精准度，保证各风格曲目动作编程设计无误差，进而解决人类推广者所遇到的无法保证风格演绎教学动作精准的问题。此外，全国排舞运动推广中心每年大概新增38首推广曲目，每年推广曲目叠加，数量众多，而人类的记忆分为识记、遗忘、再认识和回忆的过程，遗忘已学习内容为自然现象，若要实现曲目教学记忆的全面性，实为艰难。排舞智能机器人无遗忘性，伴随内存容量不断扩大，存储排舞曲目数量不断增多，可实现曲目教学记忆的全面性。

二、AlphaGo（阿尔法围棋）智能机器人

在 2016 年 3 月举行的围棋人机大战中，AlphaGo 最终以 4:1 战胜了韩国名将李世石。2017 年 5 月 23 日、25 日和 27 日，世界排名第一的中国围棋选手柯洁和机器人 AlphaGo 三次对弈，均告失败，引起了全世界的广泛关注。AlphaGo 是一款围棋人工智能程序，由谷歌（Google）旗下 DeepMind 公司戴密斯·哈萨比斯领衔的团队开发，其主要工作原理是"深度学习"。2017 年 5 月 27 日，在柯洁与 AlphaGo 人机大战之后，AlphaGo 团队宣布 AlphaGo 将不再参加围棋比赛。2017 年 10 月 18 日，DeepMind 团队公布了最强版 AlphaGo，代号 AlphaGo Zero。

（一）AlphaGo 的主要工作原理

AlphaGo 的主要工作原理是"深度学习"。"深度学习"是指多层的人工神经网络和训练它的方法。一层神经网络会把大量矩阵数字作为输入，通过非线性激活方法取权重，再产生另一个数据集合作为输出。这与生物神经大脑的工作机理一样，通过合适的矩阵数量，多层组织链接在一起，形成神经网络"大脑"进行精准复杂的处理，就像人们识别物体标注图片一样。AlphaGo 用到了很多新技术，如神经网络、深度学习、蒙特卡洛树搜索法等，使其实力有了实质性飞跃。美国 Facebook"黑暗森林"围棋软件的开发者田渊栋在网上发表分析文章说，AlphaGo 系统主要由以下几个部分组成：①策略网络（Policy Network），给定当前局面，预测并采样下一步的走棋；②快速走子（Fast rollout），目标和策略网络一样，但在适当牺牲走棋质量的条件下，速度要比策略网络快 1000 倍；③价值网络（Value Network），给定当前局面，估计是白胜概率大还是黑胜概率大；④蒙特卡洛树搜索（Monte Carlo Tree Search），把以上几个部分连起来，形成一个完整的系统。

（二）两个大脑

AlphaGo 是通过两个不同神经网络"大脑"合作完成下棋的。这些"大脑"是多层神经网络，跟那些 Google 图片搜索引擎识别图片在结构上是相似的。它们从多层启发式二维过滤器开始去处理围棋棋盘的定位，就像图片分类器网络处理图片一样。经过过滤，13 个完全连接的神经网络层产生对它们看到的局面的判断。这些神经网络层能够做分类和逻辑推理。

第一大脑：落子选择器（Move Picker）。

AlphaGo 的第一个神经网络大脑是"监督学习的策略网络（Policy Network）"，观察棋盘布局试图找到最佳的下一步。事实上，它预测每一个合法下一步的最佳概率，其最前面猜测的就是那个概率最高的。这可以理解成"落子选择器"。

第二大脑：棋局评估器（Position Evaluator）。

AlphaGo 的第二个大脑相对于落子选择器是回答另一个问题，它不是去猜测具体的下一步，而是在给定棋子位置的情况下，预测每一个棋手赢棋的概率。"棋局评估器"就是"价值网络"，通过整体局面判断来辅助落子选择器。这个判断仅仅是大概的，但对于阅读速度提高很有帮助。通过分析归类潜在的未来局面的"好"与"坏"，AlphaGo 能够决定是否通过特殊变种去深入阅读。如果棋局评估器说这个特殊变种不行，那么 AlphaGo 就跳过阅读。

这些网络通过反复训练来检查结果，再去校对调整参数，保证下次执行得更好。这个处理器有大量的随机性元素，所以人们是不可能精确地知道网络是如何"思考"的，但更多的训练能让它进化到更好。

（三）操作过程

AlphaGo 为了应对围棋的复杂性，结合了监督学习和强化学习的优势。它通过训练形成一个策略网络，将棋盘上的局势作为输入信息，并对所有可行的落子位置生成一个概率分布，然后训练出一个价值网络对自我对弈进行预测，以 -1（对手的绝对胜利）到 1（AlphaGo 的绝对胜利）的标准预测所有可行落子位置的结果。这两个网络自身都十分强大，而 AlphaGo 将这两种网络整合进基于概率的蒙特卡洛树搜索中，实现了它真正的优势。新版的 AlphaGo 产生大量自我对弈棋局，为下一代版本提供了训练数据，此过程循环往复。

在获取棋局信息后，AlphaGo 会根据策略网络探索哪个位置同时具备高潜在价值和高可能性，进而决定最佳落子位置。在分配的搜索时间结束时，模拟过程中被系统最频繁考查的位置将成为 AlphaGo 的最终选择。在经过前期的全盘探索和过程中对最佳落子的不断揣摩后，AlphaGo 的搜索算法就能在其计算能力之上加入近似人类的直觉判断。

2017 年 1 月，谷歌 DeepMind 公司 CEO 哈萨比斯在德国慕尼黑 DLD（数字、生活、设计）创新大会上宣布推出 2.0 版本的 AlphaGo。其特点是摒弃了人类棋谱，只靠深度学习的方式成长起来挑战围棋的极限。

三、乒乓球发球机机器人

乒乓球发球机（标准型发球机机器人）是集计算机技术、电子、机械为一体的综合技术智能化机械，具有自动化程度高、灵敏度高、稳定性高等多种特性。它的基本工作原理是转轮摩擦球：乒乓球受到一个旋转摩擦轮的作用可以获得一定的初速度。

将乒乓球储藏在储球箱里，当电源接通后供球装置内的电机工作，通过齿轮传动机构带动储球器里的搅拌器旋转，乒乓球经漏斗进入送球装置。

送球装置内的叶片轮旋转将球送出，经送球管道到达机头处的出球口。叶片轮也由电机经传动机构带动，叶片轮转速由对直流电机进行脉冲宽度调制控制，这样就可以控制单位时间内发出球的个数。

乒乓球到达出球口后，驱动轮旋转摩擦乒乓球从而使球发出。按动机头左右摆动装置箱上的拨钮可以通过箱内类似曲柄摇杆的机构实现机头的左右摆动。调解机头上的手动调解按钮可以通过机头上的弹簧装置实现机头的上下调节。

图 8-10 至图 8-12 是红双喜 R1 型彩虹发球机外观及功能简介。

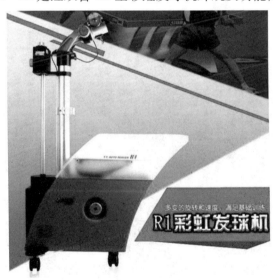

图 8-10　R1 彩虹发球机

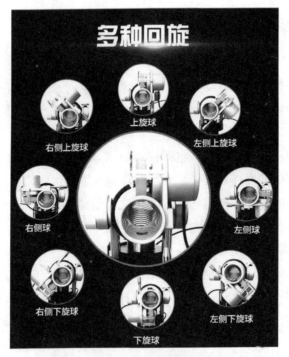

图 8-11　旋转调节

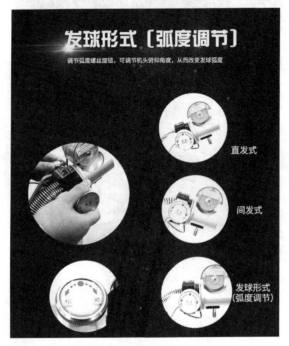

图 8-12　弧度调节

图 8 - 13 是奥奇智能乒乓球发球机家用 787 全自动专业训练器发球器球台机器人。

图 8 - 13　奥奇球台机器人

还有一种更先进的高级发球机机器人，可以模仿真人的击球动作，其左手抛球，右手击球，球拍采用特殊材料制成，节奏频率与真人对打类似。这种高级发球机机器人号称"最人性化的发球机"，其优点在于相比其他发球机机器人，其机器面板亲切得多。其存在的缺点：鉴于高级发球机机器人制作成本较高，价位普遍偏高，一般球友往往承受不起；性能与同价位标准型发球机机器人相比，功能上没有质的突破。

第三节　休闲体育仿真系统：仿真高尔夫练习系统

仿真高尔夫练习系统见图 8 - 14、图 8 - 15。

图 8 - 14　仿真高尔夫球场

图 8 –15　在线高尔夫学院

一、真实 3D 球场系统

仿真高尔夫练习系统通过卫星地图、航拍等技术手段，多层次、全方位获取球场数据，使用全新的三维图像处理技术，1：1 还原真实球场环境，给球友身临其境的击球场景。

二、软件系统

仿真高尔夫练习系统功能丰富，操作方便，具有练球、学球、下场、参加比赛、一杆进洞挑战、长打王挑战、儿童球场、儿童练习场等选项；每月系统功能免费优化升级；具有斗地主、拉丝等玩法；具有智能球童自动匹配应选球杆。

三、个人移动云平台

仿真高尔夫练习系统个人移动云平台功能如下。

（1）全景击球视频记录分享、精彩击球动作赏析、PGA（美国职业高尔夫球协会）击球数据分析、个人打球成就统计分析等优势功能。

（2）实时全国排名、比赛排名、奖金排名、球场排名及当日排名。

（3）球场数据查询、球道攻略、比赛查询。

（4）教学中心名师线上课程。

（5）好友互动、打球视频/成绩分享、评论。

（6）球馆查询、预订等。

四、动作分析系统

仿真高尔夫练习系统全新开发的动作分析系统，具备击球视频拍摄、储存、回放、正面侧面同步对比等功能，方便教练教学，球友自学、练球。

五、在线高尔夫学院

仿真高尔夫练习系统为全新高尔夫互联网教学平台，系统包括大卫·利百特、梁文冲、唐锦昌、吴立辉等知名教练在线教学课程，学员可边看边学边练，实现名师远程指导。

六、3D 练习场

仿真高尔夫练习系统 3D 练习场提供击球视频回放，弹道俯视图、侧面图，飞行距离，起飞角，侧旋，回旋，球速等数据，具有镜子功能，空挥杆/击球自由录制、回放分析；100~200 码定点攻果岭练习。

七、儿童高尔夫球专区

仿真高尔夫练习系统独有儿童练习场、儿童 3D 卡通球场，儿童也可以和家长来场高尔夫球合家欢。

八、顶置高速摄像感测系统

顶置高速摄像感测系统，采用超高清三维摄像头，立体检测球的速度、侧旋、后旋、偏离角度和起飞角度，运用全新数据运算方法和技术标准，精确计算球的飞行轨迹和距离；材料高档，设计精美，是高端之选。

九、PAD

PAD 用于调整击球的方向，察看地势，控制出球机出球及调节球高低，球手在打球时候，无须使用鼠标键盘。

十、高清投影仪

EPSON 高清投影仪，支持 HDMI 高清输出，根据现场尺寸配备投影；标准配置参数：分辨率 1360×768，3500 流明。

十一、高性能图形工作站

高性能图形工作站是专为满足模拟高尔夫球场 3D 全景画面渲染而设计的高性

能计算机图形工作站。

十二、挥杆视频捕捉系统

挥杆视频捕捉系统使用高清日夜型一体化摄像机，保证在室内景物亮度差异很大的场景下仍能得到高品质画面；增加内部高智能化的控制系统，以适应各种复杂的环境需要。

十三、高保真音响

仿真高尔夫练习系统功能强劲的扬声器系统适于表现高尔夫场景音乐，能够使所有数字音频呈现出最佳效果。

十四、定制机柜

仿真高尔夫练习系统定制机柜，集成了高性能图形工作站、挥杆视频捕捉系统以及高保真音响系统。

十五、抗击打幕布

仿真高尔夫练习系统定制高强度双层抗击打幕布，采用进口材料，消音耐磨，画面清晰细腻，可根据现场尺寸定制。

十六、打击垫

仿真高尔夫练习系统采用35毫米厚度进口高级3D打击垫，其材质为尼龙纤维针织，中间3D缓冲层，底部优质泡棉，尺寸1.5米×1.5米。

十七、知名品牌比赛球

仿真高尔夫练习系统采用知名品牌比赛球、巡回赛选手用球。

（1）构造：高反弹离子键聚合物。

（2）球壳：柔软离子键聚合物球壳。

（3）其具有更加卓越的耐打性能和柔顺击球感。

十八、可扩展功能

（1）仿真高尔夫练习系统可扩展为KTV、家庭影院等家庭娱乐中心。

（2）仿真高尔夫练习系统可扩展为远程会议平台、培训演讲厅、企业商务接待厅等商务社交平台。

十九、技术支持

仿真高尔夫练习系统具有以下技术支持。

（1）场地规划，选址、布局、规划图等专业支持。

（2）远程装修指导，材料、装修进度、施工细节等技术指导。

（3）安装培训，专业安装、系统培训。

（4）售后服务，全天候售后响应，全国服务中心线下辐射。

二十、增值服务

仿真高尔夫练习系统具备以下增值服务。

（1）球场增加，每月新增一个以上真实知名球场。

（2）功能升级，不断丰富练习、学球、比赛等功能。

（3）界面优化，优化人机互动，增强体验感。

（4）社区构建，打造属于每位球友的高尔夫互联网运动社区。

二十一、选配部分

仿真高尔夫练习系统选配部分包括自动出球机、高配投影仪、豪华环屏套装、专属奖金奖品、联网比赛系统等。

第九章 休闲体育产品设计与开发典型案例

案例一：智能运动鞋的设计与开发

可穿戴设备中，智能手环比较常见，而智能运动鞋则比较鲜见，相比于手环，智能运动鞋更有优势，因为手环可以不戴，但鞋子一般不会不穿。戴着手环运动有时也会成为一种累赘，而智能运动鞋则不同，其在不增加身体负担的情况下还能记录运动数据。

一、智能运动鞋的功能设计与开发

（一）智能运动

智能运动鞋除具备基本的计步、步频、轨迹、里程、热量消耗等数据量化功能外，可增加运动检测与分析功能。智能运动鞋相对手机、手表、手环等的优势就是无须额外佩戴产品在身上，所有量化数据都可记录在运动鞋智能模块里，运动完成后可同步至手机或云服务器进行分析和反馈。

（二）保障性

近年来，儿童安全备受关注，智能运动鞋可增加儿童鞋追踪模块，具有隐蔽性和可靠性。它通过 GPS 和移动网络的连接，可随时定位；通过短距离通信的方法和移动网络连接，可设置电子围栏，解放家长的注意力；还可以设置儿童主动安全功能，当遇到特殊情况时，可通过隐蔽的方法通知家长。

（三）健康医疗

智能运动鞋可测量基本的血压、心率、体重、体温等数据，使得大众能够随时监测自己的基本健康情况。除此之外，子女也可以远程随时获取父母的数据，通过实时和长期的数据分析，及时跟踪父母的健康状态及接收紧急情况自动通知等。

（四）游戏娱乐

智能运动鞋可通过运动检测功能获得运动交互的数据，结合 VR、游戏等进行人机交互。

二、智能运动鞋的发展

总之，随着智能运动鞋的进一步发展，越来越多的智能运动鞋产品正在出现，在各自的领域中，这些产品也正在变得更有针对性。在不久的将来，运动爱好者们挑选智能运动鞋时也能根据自身的需求选择适合自己的产品了。

案例二：运动服装的设计与开发

运动服装是体育运动的重要载体，在体育运动传播、推广及发展中扮演着十分重要的角色。一方面，运动服装作为一种功能性服装，为运动员获得优异成绩提供了保障；另一方面，运动服装伴随时代的发展不断呈现时代之美，由古代奥运会赤身的健美到现代绚丽多姿的装扮，运动服装的变化反映了时代的进步，这一进步同样是旧时代时尚到新时代时尚的发展过程。

现代运动服装设计特征主要表现为以下两点。

其一，实用性。现代体育的多元化发展，要求运动服装充分结合体育发展需求，进行多元化的创新设计。现代运动服装设计的实用性可划分为两方面——一方面是针对不同体育项目的实用性，另一方面是服装功能的实用性。另外，从现代体育运动整体需求出发，运动服装设计也表现出一定的共性及实用性。例如，运动服装的牢固性，防止运动者因激烈运动导致服装某些部位出现崩裂等现象；运动服装的吸汗性，高强度的运动使运动者大量出汗，运动服装应当对汗水具备良好的吸附能力，可减少汗水流淌对运动造成的负面影响；运动服装的透气性，也就是运动服装可散发运动者在运动过程中身体产生的热量，使运动者在适宜的体温及外界温度下进行相应的体育运动；运动服装的色牢度，运动服装不会由于汗水流淌、水浸湿等褪色，因而，在运动服装染色环节，不管是原料选取还是技法运用，均应当保证一定的安全性、可靠性。

其二，时尚性。时尚性就是运动服装与体育、时代发展的协同性，运动服装不仅要紧紧跟随运动发展步伐，还要紧紧围绕新时代服装的发展理念。这主要可划分为两方面：一方面是运动服装款式的设计。运动服装款式设计不断向更美观、更前瞻的方向发展，其中，更美观包括运动服装本身的外在造型美观，以及表现运动者自身体型的美观，如线条美、力量美等；更前瞻表现为可紧随现代服装行业发展脚步，开展前瞻性设计，在满足运动者及体育运动发展本身需求的同时，引领服装领域的发展潮流。另一方面是运动服装图案及色彩的时尚设计。对于运动服装图案设计而言，它通常与运动者所在国家或者地区有着紧密的联系，如在国内要彰显对应省市地区的人文精神，在国际上要求彰显国家、民族的精神气质。在运动服装设计过程中，图案与色彩的组合可划分成两种手法：一种是在保持整体色彩背景完整的前提下，上装与下装图案存在差异；另一种是上装与下装色彩背景与图案均为整体设计，表现出一定的统一性。

运动服装发展趋势主要包括以下四个方面。

第一，运动服装与群众体育文化生活协调发展。近年来，服装设计、面料研发与我国体育产业政策、群众体育消费需求、竞技体育服装功能需求及群众精神需求等均实现了协调发展。以运动服装面料发展趋势为例，网眼织物凭借其轻薄、透气性佳、价格经济等特征已然成为群众青睐的运动服装面料。各式各样材质面料的混合运用将不同功能的织物运用于运动服装的各个部位，使运动服装实现不同功能，满足群众多元化需求。轻质面料在保证运动服装功能性的基础上，减少了人体体能消耗，为广大体育爱好者所青睐。另外，各民族各地域对色彩需求各异，纺织印染技术的发展使得服装色彩多元化成为可能，所以，运动服装发展与群众消费需求具有密切的联系。

第二，不同领域的科技发展推动了运动服装的发展。运动服装的科技性主要表现为面料材质的科技化，依托生物工程技术、有机高分子合成技术、计算机辅助技术等，实现了设计工具、面料纤维的良好功能特性，推动了运动服装材料、工艺的有效创新，使运动服装纤维材料不断趋向于功能差别化、复合化以及高性能化。各式各样创新材料、层压工艺等的有机融合，可使运动服装单品实现对多种不同功能的有效汇集，更符合人体结构特征，且更具主动性及智能化。

第三，运动服装伴随体育项目不同，功能细分水平不断加深。伴随全球一体化的不断推进，在微电子、有机高分子合成材料、生物工程等技术的推动下，高性能纤维、功能性纤维在运动服装中得到广泛应用。与此同时，伴随人体生理学、运动生物力学、运动解剖学等学科与运动服装领域的有效相融，各运动项目的服装设计均可基于科学技术、人体工程学等，实现对运动服装多元化功能的研发及结合体育项目的实际特征的逐步细化。

第四，运动服装趋向于满足体育运动绿色健康核心价值需求，秉承以人为本理念，切实关注人的身体健康及运动需求。所以，运动服装面料不断趋向于绿色、环保，也更为关注社会大众精神方面的需求，在服装色彩调节及服装款式设计等方面更为关注各年龄层、不同性别群体的需求。运动服装将进一步满足不同运动群体的精神需求特性。伴随运动服装功能细分程度的日益深入，群众对运动服装的选择越来越趋向于多元化，各式各样小众的、专业的运动特色品牌将更受青睐。

为了进一步推进运动服装的设计与开发，可以将下述内容作为切入点：第一，运动服装的设计理念。近年来，户外运动越来越为人们所青睐，已然成为人们追寻自由、实现自我思想及外表的协调统一和提高生活质量的一种重要方式。通常而言，人们购买运动服装并非仅仅为了进行户外运动，运动服装还可与生活服装进行自由搭配。因而，在设计环节应当注重休闲与时尚的有效结合，设计款式丰富、个性时尚、科技智能的运动服装，为热爱生活、热衷常态式户外运动的群众设计出科学、时尚的，并可与日常服装进行搭配的运动服装，使运动服装紧随全民健身脚步，发展成为将来服装的主流。第二，运动服装的设计原则。运动服装除了要满足人们对体育运动服装的功能性要求外，还应当注重对时尚、生活等特性的合理融入。所以，对于运动服装的设计而言，应当推进对服装款式的有效创新，紧扣健康功能化、生活时尚化主题，设计出既舒适，又美感，且便于运动的服装。其中，生活化运动服装设计更多的是可通过运动彰显时尚，使运动服装在运动中穿着舒适，提高运动体验，凸显运动美感，且不失时尚元素。随着流行时尚元素在运动服装设计中的广泛推广，运动服装将朝着更时尚化、年轻化的方向发展。第三，运动服装的设计途径。在运动服装设计过程中，应当有效调节人体体形特征、体育运动特征、运动服装设计形态特征相互间的关系，将运动服装的款式设计、面料选取、季节色彩、服装结构等作为着手点，充分结合户外运动实际特征，突出功能性，着重开展细节设计，实现服装面料、服装结构的功能，进一步确保运动者的安全、舒适，防止户外运动中可能引发的伤害。运动服装面料应当选取透气性佳、纤维紧密的材料，确保可实现抗静电、吸湿、排汗等功能。色彩是运动服装最引人关注的元素之一，在色彩选取过程中，应当考虑各个季节对色彩的要求差异及色彩与环境的联系，设计时应摆脱传统色彩的制约，优化色彩选取手法，加强对对比色、同类色、拼接色等的有效运用，使运动服装彰显多姿多彩的美感及活力。在服装结构方面，应当注重对肩、肘、膝等易磨损部位进行加固处理，可采用混色拼接或者同色拼接的手段，以增强服装的耐用性、美观性。另外，运动服装通常可设置帽子，用来防风防雨，还可起到防刮伤、保护头颈的作用；设计时还应考虑轻巧便捷、易于收纳等。

案例三：探析现代运动服装设计的潮流走向

这是一篇书评，对"休闲体育产品设计与开发"课程的学习有所帮助，特推荐给大家。《运动服装设计》一书由陈彬主编，由东华大学出版社于 2018 年 5 月出版。全书围绕运动服装造型、色彩、材质及开发流程，针对现代运动服装设计的潮流趋势进行全面且系统的探索。

运动服装属于特殊用途装备，针对它的设计主要集中在专业性能上。但不同文化背景下，人们对服装设计存在着鲜明的审美差异，因此现代运动服装设计在保障运动需求的同时，也要关注时尚潮流、风格趋势、创新走向。一方面，运动服装需要以更好的性能、更多的功能来满足体育竞技需求；另一方面，运动服装要迎合潮流审美、时尚走向，以满足体育文化需求。总览全书，有三个特色值得关注。

一、考虑全面，兼顾运动服装设计功能性与人文性的统一

该书对现代运动服装的价值理念进行了拓展，指出运动服装存在的意义：其不仅能够对人们生理、心理健康起作用，还是现代社会休闲和社交的着装方式之一。这一观点具有明显创新性，它不仅颠覆了传统意义上人们对运动服装的认知，也为现代运动服装设计的发展方向做了概括总结，顺理成章地引出了运动服装设计的"潮流"概念。作为运动服装设计师，既要考虑人们对运动服装的舒适性、实用性、功能性的需要，也要把美观性、流行性、时尚性因素考虑在内，这样才能兼顾运动服装设计的功能性与人文性。该书分为四个章节，探讨运动服装的造型设计、色彩设计、材质设计和开发流程，每一章节下的内容均划分为"功能性设计"与"人文性设计"两个方面，这是运动服装设计潮流走向的重要体现。

该书第一章为"运动服装的造型设计"，包括三个模块，分别为轮廓设计模块、结构线设计模块和细节造型设计模块。其中，轮廓设计模块同时具备运动服装设计的功能性与人文性价值，这是由轮廓的整体性呈现特征决定的。所谓轮廓，即运动服装穿着后正面、侧面、斜面的外形结构，无论从哪一个角度观察轮廓设计，都是建立在整体视觉体验基础之上的，因此各类运动服装（如上衣、下衣、配饰等）在

风格上必须统一，并不断向流行趋势靠拢，以赢得消费者的青睐。作者刻意突出"轮廓"这一设计模块，旨在阐明运动服装设计中"以人为本"的重要性，即面对不同人种、年龄、性别、体形、肤色的消费者，轮廓设计只有遵循"以人为本"的原则，才能契合不同人群的个性爱好，进而实现"引领潮流"的目标。同时，运动服装轮廓设计也蕴含着功能性价值，作者指出："轮廓设计是服装设计的第一要素。"这是由穿着者参与的运动项目的特点决定的，如健身衣的轮廓设计突出紧身特点，这样才能将运动员健美的肌肉轮廓显示出来，而冲锋衣在轮廓设计上强调宽松、修长，这样才能保证运动员在户外运动时灵活自如。该书详细解读了四种轮廓分类方式，包括字母分类、几何分类、物象分类和专业术语分类，如按照字母分类，健身衣设计轮廓属于"X"形，冲锋衣属于"H"形，有利于不同类型读者（如设计师、高校教师、学生等）正确把握运动服装轮廓分类，保障设计中功能性与人文性的统一。运动服装的结构线设计决定了成衣造型，结构线是指服装设计过程中根据服装造型分割出若干布块，再将各个布块缝合之后的开刀线，也可称为服装的"切割线"，服装最终以整体形态呈现。从读者角度来看，由于色彩、饰物等要素的掩盖，结构线并不引人注意，但在运动服装中，结构线设计合理与否，不仅影响运动员的穿着体验，也影响着体育竞技审美，这是同类型服装设计著作中容易忽视的一点。该书将国际上较为流行的结构线设计划分为垂直结构、水平结构、倾斜结构、弧形结构四种类型，弥补了国内同类型著作中概念混淆、不易识别的缺陷，具有很好的参考价值。例如，垂直结构适用于户外运动类运动服装，因为垂直结构线在空旷的环境中，在视觉中形成的面积较窄，能给人一种身体挺拔、修长的感觉；弧形结构适用于女性泳装，结构线分布于女性身体颈部、肩部、胸部、腹部、臀部等部位，以柔和的线条突出女性曼妙的身材。运动服装细节造型设计对象包括衣领、衣袖、口袋、拉链等，这些细节部分虽然是服装的搭配元素，但其功能性及人文性都不可小觑。该书注重细节造型的设计理念，对于提高我国运动服装设计的潮流意识具有重要指导作用。

二、切中要点，强调运动服装设计普遍性与特殊性的协调

书中指出，随着现代运动服装设计理念与方法趋同，人们在强调服装舒适美观度的同时，也提出了设计创新的要求。换言之，一种运动服装或一个运动服装品牌要实现形成潮流、引领时尚，不能停滞在对普遍性价值的精耕细作上，如改进面料、量身定做、个性设计等，这种发展思维只能在一定市场范围内获得回应，并不能从

根本上改变运动服装设计的走向。作者从运动服装产业链角度出发，提出了"一超多强"的设计创新思路，一方面，遵循运动服装设计的普遍性原则，即运动服装产品兼顾所有设计优势，在整个产业领域中拥有多种强势产品；另一方面，遵循运动服装设计的特殊性原则，即运动服装产品具有自身独有的优势，在市场上拥有品牌辨识度。

该书第二章为"运动服装的色彩设计"，根据该章内容可以得出，色彩是运动服装设计中最普遍的元素，也是最具有表现力、最容易创新的要素。作者通过分析色彩与心理、色彩与生理、色彩与搭配、色彩与功能之间的关系，提出了多种可行的创新方案。例如，在"色彩与心理"方面，作者认为运动服装色彩会对着装者心理产生影响，进而反映到运动行为上，对运动效果产生影响。作者通过对极限运动服装色彩的分析，指出攀岩、滑雪等具有较大危险性的户外运动，其服装设计应选择明快、强烈、高纯度的色彩，如橙、黄、红等，此类色彩能够让人产生兴奋、警惕、轻快的情绪，而不适合选择蓝、绿、黑等色彩，因为此类色彩会导致阴郁、冷淡、沉闷的情绪，容易使运动者忽视风险。书中此类观点、分析及案例等值得我国运动服装设计师高度关注。在运动服装设计实践过程中，应将"潮流引领"从单一价值向多元价值转型（如"视觉潮流"向"心理潮流"转型）。

该书第三章为"运动服装的材质设计"，所谓材质，即构成运动服装产品的面料、辅料、配料等。换言之，针对运动服装的材质设计就是对原材料的加工处理，原材料的研发门槛较高，这为运动服装设计中突出"特殊性"提供了条件，基于常见的棉、麻、皮毛、锦纶等材质，通过一定科技手段的处理，可以实现"化腐朽为神奇"的效果，如超细面料、防水面料、超轻面料等。根据材质特性设计运动服装能够在众多品牌中脱颖而出，引领潮流走向。

三、案例具体，聚焦运动服装设计全过程项目管理流程

该书注重理论与实践的联系，除了全面论述运动服装潮流形成因素外，针对如何实现运动服装潮流设计也做了深入探讨，强调随着现代体育运动竞技水平的提升、人文内涵的丰富，人们对运动服装设计也提出了更高的要求。这就意味着运动服装设计已经超越了单一的艺术设计范畴，作为设计师，应具备跨专业、跨领域、跨文化的综合素养，既要具备服装工艺、服饰美学、纺织印染等一般性服装设计能力，还要掌握环境科学、人体工程学、心理学等方面的专业知识。

该书第四章为"运动服装设计开发流程"，作者为设计师提供了运动服装设计

全过程的项目管理流程，具体过程包括总体分析、前期调研、概念设计、样品制作四个环节。其中，前期调研是运动服装设计开发的核心工作，以追求创新性为设计目的，前期调研的意义不仅在于了解当前市场中运动服装流行现状，从中吸取优秀经验，还在于规避单纯抄袭的陷阱，突显自身的设计特色。前期调研可采用的手段较多，如市场调研、展会调研、街头调研、网络调研等，该书以迪卡侬 BTWIN 品牌为例，逐一分析了不同调研方式的优劣，可为该书读者提供借鉴。同时，该书也强调了"二手调研"的重要性，如文献调研、专家访谈、企业报告等，由此获得的资料经过加工过滤，能够集中反映出运动服装设计在某一领域的发展趋势。该书基于开发流程的研究，为我国运动服装设计在潮流跟随、潮流把控、潮流创新方面奠定了基础，并且从设计理念到设计过程，从概念设计到样品制作，每一个步骤都讲解得非常详细，还配备了大量图片，方便读者参考。

《运动服装设计》一书对运动服装设计的研究既具备一定的专业高度，又具有较好的实用性、参考性、启发性，案例解读详细、内容图文并茂，不失为一本运动服装设计领域的佳作，可作为我国高校服装设计专业的教材用书，也可作为运动服装专业设计人员的工具书。

案例四：环都市乡村休闲体育旅游产品多元升级设计

一、合理构建体育旅游点、带、圈，推动体育旅游产品多元化发展

1972 年，美国得克萨斯大学旅游系德盖恩教授将圈层理论应用于都市旅游地域系统，提出了著名的"都市旅游环带模式"，并将都市旅游圈层的带状功能区位分为市区旅游带、郊区旅游带以及远郊旅游带。环都市乡村休闲体育旅游资源在各乡村旅游圈层的类型特征明显，环都市乡村休闲体育旅游资源配置逐渐形成以都市为中心与生长轴的发展时序，其发展趋势由中心圈层向外圈层转移扩散。所以，可发挥中心城市城乡接合部、近远郊体育旅游圈层所属乡村区位体育旅游资源的多元优势，合理构建布局中心城市环都市休闲体育旅游点、带、圈，在城乡接合部体育旅游游憩带重点打造、扶植一批有影响力的体育旅游示范点、镇、村等，提升该区域的体育旅游产品品牌影响力，实现"一村一品"。近远郊体育旅游圈层可以"求新求异"的观念来构建多元化的休闲体育旅游游憩带，即以依托远郊环都市乡村丰富

林盘、生态山水和温泉资源以及田园风光，打破传统的乡村旅游产业结构，有机结合养生康体与体育旅游，推出运动生态农庄、运动养生山吧、田园垂钓渔村、乡野温泉风苑、节庆体育赛事等，推动乡村休闲体育旅游从同质开发向差异化发展转变，打造中国最具特色的环都市田园生态休闲体育旅游圈。以此，形成环都市体育旅游圈层的相互呼应与有机结合，借助"以点带面、以轴连片"的思路，构建紧密联系的空间积聚体，实现环都市乡村休闲体育旅游产品的多元化发展。各体育旅游圈层可构建形式多样的体育旅游产品空间分布。

二、利用特色旅游资源优势，塑造养生康体体育旅游产品品牌，助推体育旅游产品高端特色化发展

随着都市居民生活水平的不断提高，康体养生已成为各年龄阶层都市居民的时尚理念。在此背景下，发展康体养生特色主题旅游应与养生文化和运动养生相结合。利用"养生文化 + 古镇 + 养生康体体育"的模式，以养生文化为依托，引入传统太极养生运动理念，打造高端养生文化体育旅游产品，形成环都市乡村养生文化体育旅游品牌。中心城市环都市拥有具乡村特色的自然资源、生态资源和养生资源优势，可以"自然生态养生资源 + 养生康体体育"模式构建具有特色的环都市乡村康体养生旅游度假目的地，以山地资源、生态环境和自然山水为依托，开发山地养生康体体育旅游度假产品，重点发展登山、山地车、漂流、滑雪、温泉旅游等养生康体项目。中心城市环都市还有乡村农家乐及田园农业生态资源，可打造"乡村农家乐田园农业生态资源 + 康体体育"模式，在乡村生态田园环境中以骑游、乘坐农家木筏湖中游、徒步游等体育旅游形式来实现康体健身。乡村康体养生体育旅游作为未来乡村旅游经济创新发展模式，不仅把养生、休闲及康体内涵贯穿到"吃、住、行、游、购、娱"各个环节和体育旅游产业发展的全过程，还有助于推动乡村休闲体育旅游产品的高端特色化发展。

三、构建立体化与多层级体育旅游产品体系，优化提升体育旅游产品品质

以中心城市环都市生态户外体育旅游为突破口，打造"水、陆、空"立体化环都市乡村休闲体育旅游产品，形成空中有航空体育运动，陆地有汽车、自行车越野运动，水上有游艇和皮划艇等运动的"水、陆、空"三维立体式休闲体育旅游产品格局，由此构建中心城市环都市乡村休闲体育旅游产业集群，发挥其集群效应，形

成立体、系列的乡村休闲体育旅游产品。都市居民体育旅游多层次与个性化需求的增长，房车和自驾车体育旅游的升温，将会推动露营户外旅游在环都市乡村的发展。目前，国家积极鼓励发展自驾车旅游，并加大力度支持汽车旅馆、自驾车房车营地等体育旅游休闲基础设施建设。因而，中心城市环都市乡村应利用"乡村自然资源 + 体育旅游"模式，加快建设规模化、多样化的运动休闲度假营地，从而吸引不同层次与需求的都市居民前来感受体育旅游的真正乐趣。根据都市居民的差异化需求，目前需要完善建设的户外营地为汽车营地、木屋营地、帐篷营地、情趣营地、户外拓展营地等，并要结合营地多种多样的地理环境资源开展山地自行车、山地越野、登山、攀岩、定向越野、野外生存、拓展训练等多形式的户外休闲体育旅游活动，这对乡村休闲体育旅游产品品质的优化有着积极的促进作用。

四、整合旅游资源，推进体育赛事与乡村民俗体育旅游产品的升级发展

乡村旅游要吸引都市消费者来观光体验，可以有效地整合当地的自然资源和社会资源，打造丰富的体育赛事产业集群区。利用"体育 + 乡村自然与人文资源旅游"模式，通过举办山地自行车、越野跑、民间传统体育、定向越野等丰富的体育比赛，使都市居民既能深入体验乡村生活又能感受到观赏体育赛事带来的乐趣，从而吸引游客前来旅游，形成长期性旅游出行目的地。因此，通过乡村举办丰富多彩有特色的体育赛事不仅可以带动乡村经济的发展，还将会成为环都市乡村休闲体育旅游产品升级发展的新标向。乡村不仅具有历史悠久的民风民俗，而且拥有浓郁的原生态旅游资源。将传统民俗、传统农事体验和时尚的体育运动有机结合，用独特的生产方式、特有的生产工具、劳动创造物、民俗文化传承带来与健身房运动完全不一样的锻炼方式，形成以乡村民俗、乡村民族风情以及传统文化为主题的乡村体育旅游，势必对都市游客产生较大的吸引力和感染力，能够满足都市居民求新、求异、求知、健身、体验、参与的心理需求。中心城市环都市乡村民俗体育项目产生、发展、传承至今，都与人们对美好生活的追求所形成的崇拜与信仰息息相关，"体育 + 乡村民俗风情资源"模式不仅能传承民族传统体育，还能满足都市居民的身心需要。例如，赛龙舟民俗可以打造为中心城市都市居民乡村休闲体育旅游的民俗体验产品。利用乡土文化和民俗文化特色，开发节庆活动、民间歌舞等身体互动康体活动，一方面能增加乡村休闲体育旅游的文化体验性，另一方面能提升其文化内涵。

五、融合创新乡村休闲体育旅游产品，引领时尚性体育旅游产品发展

将休闲体育旅游产品进行融合创新，突出其开放性、新颖性，引领乡村潮流，建立一种全新的旅游资源与体育项目的组合产品，一方面可以通过对民间体育项目的整合升级，如将荡秋千、跳绳、抖空竹等民间传统的休闲项目结合乡村丰富的资源条件进行创新，设计出多种形式的乡村休闲体育项目，丰富乡村休闲体育旅游产品。另一方面可以应用新理念对已有的乡村休闲体育旅游产品的方式、手段以及使用的器械进行创新，带给都市居民视觉的新奇、感觉的灵动，从而吸引都市居民前来消费，提升环都市乡村休闲体育旅游的竞争力。个性时尚化是休闲体育的主要特征，时尚运动项目与常态化运动项目是有区别的，时尚运动项目能让参与者有新鲜感、刺激感和体验感。因此，环都市乡村休闲体育旅游的发展要充分利用乡村特定的地势地貌资源来策划打造时尚性的体育旅游产品，给都市游客耳目一新的感觉。例如，成都中心城市环都市乡村依托良好的生态资源引入时尚休闲运动，积极规划建设成都温江金马河时尚运动体验和休闲功能区，使之成为该体育旅游圈层的一大亮点。

案例五：场景式节目设计的看点
——"印象"系列实景演出

国内著名的"印象"系列实景演出一共有七部，出自张艺谋、王潮歌、樊越三位导演之手。它们分别是《印象·刘三姐》《印象·丽江》《印象·西湖》《印象·海南岛》《印象·大红袍》《印象·普陀》《印象·武隆》。"印象"系列的每一部都十分完美地给观众展现出当地的民俗特色、人文风情等。

一、"印象"系列之《印象·刘三姐》

（一）缘起何处

刘三姐，广西壮族民间传说中的歌仙。1961 年，电影《刘三姐》诞生了，该影片是在桂林拍摄的，影片中美丽的桂林山水、美丽的刘三姐、美丽的山歌迅速风靡全国及东南亚，从此，前来游览桂林山水、寻访刘三姐和广西山歌便成了一代又一

代人的梦想。

（二）演出特色

演出以"印象·刘三姐"为总题，大写意地将刘三姐留在人们印象中的经典山歌、民族风情、漓江渔火等元素创新组合，再不着痕迹地融入山水，被称为"与上帝合作之杰作"。演出把桂林、阳朔举世闻名的两大旅游地，文化资源，桂林山水和刘三姐留给人们的印象进行巧妙的嫁接和有机的融合，让自然风光与人文景观交相辉映。

二、"印象"系列之《印象·丽江》

（一）演出内容

《印象·丽江》是一场真正意义上的荡涤灵魂的盛宴。《印象·丽江》演出中并没有所谓的主题和具体的故事，它表达了三个导演对丽江的个性体验，第一部分"雪山篇"是与山的对话，表现的是人们从四面八方来到丽江，体验生命与自然的紧密关系；第二部分是表达人们通过攀登玉龙雪山，游历丽江古城，从而与生活对话；第三部分"古城篇"是与祖先的对话，人们在对话中发现，古往今来在自己的内心深处始终存在一个神圣的王国。

（二）演出特色

1．表现雪的四季变换

玉龙雪山以险、奇、美、秀著称于世，气势磅礴、玲珑秀丽，随着时令和阴晴的变化，有时云蒸霞蔚，玉龙时隐时现；有时碧空如水，群峰晶莹耀眼；有时云带束腰，云中雪峰皎洁；有时霞光辉映，雪峰如披红纱，娇艳无比。

2．服装音乐融入大量民族元素

《印象·丽江》融入大量纳西族的民族元素，而且服装和音乐都以民族为主。纳西古乐以其独特的师徒传承方式流传至今，是民族文化保存和交流的历史见证，是我国古代音乐的宝贵遗产，为丽江古城增色不少。

3．非专业演员

《印象·丽江》的全体演员都是非专业的，他们来自10个少数民族，是来自云南16个乡下村庄的500多个有着黝黑皮肤的普通农民。演员阵容庞大，全部本色出演，让人耳目一新。

4．白天演出

"我在日光下真切感受到了那种扑面而来的粗犷、自然的气息，在雪山的映照下，构成白天演出的一大特色，反而成为一种全新的体验。"——张艺谋

三、"印象"系列之《印象·西湖》

（一）演出背景

《印象·西湖》以西湖浓厚的历史人文和秀丽的自然风光为创作源泉，深入挖掘杭州的古老民间传说、神话，使西湖人文历史的代表性元素得以重现，同时借助高科技手法再造"西湖雨"，从一个侧面反映雨中西湖和西湖之雨的自然神韵。整场演出，通过动态演绎、实景再现，将杭州城市内涵和自然山水浓缩成一场高水准的艺术盛宴，向世人推出。

（二）演出特色

《印象·西湖》展现的是杭州西湖景致的最美瞬间。《印象·西湖》将杭州西湖十景极致化、印象化。你可以在演出中寻觅到春日苏堤的杨柳依依，夏日西湖的十里荷香，中秋佳节的三潭印月，以及冬日的断桥残雪。《印象·西湖》深挖杭州西湖的神话传说，将唯美的爱情故事和历史传奇以片段化的形式展现给观众。

四、"印象"系列之《印象·海南岛》

（一）演出风格

《印象·海南岛》的演出像音乐剧，却没有相对完整的剧情。演员的表演通过特殊灯光和视频制作的特殊影像与舞台美术的结合，制造出奇特的视觉奇观。这里有闭眼即知的童话世界，侧耳倾听到的是浪漫的节奏。这里的环境以及人物都有极强的神秘色彩、海洋气质，夸张怪诞。演出抓住人们对大海的心理感受，带着观众去寻找他们心中的大海。

（二）演出特色

这场演出的艺术表现形式不同于此前任何一部"印象"实景演出，节目形式更新颖、丰富，演出内容不拘泥于展现海南岛的民土民风，更注重娱乐性，是导演梦中臆想的关于大海的一场演出。奇特的时空交错感，轻松愉悦、梦幻浪漫的观演感受是这台演出的一大特色。印象剧场是专为《印象·海南岛》量身打造的海胆仿生剧场，是目前世界上最大的海胆仿生剧场，设计上实现了沙滩与大海的完美融合，呈现出海天交融、情海相接的浪漫享受，将令观众感受到新奇而自然的视觉伸延，其建筑工艺的精美可媲美北京的"鸟巢"。

五、"印象"系列之《印象·大红袍》

（一）演出特色

与其他几个"印象"系列作品不同的是，《印象·大红袍》突出故事性和参与性，不仅展示了茶史、各种制茶工艺，还借助流行的"偷菜、炒房、蜗居"等语汇，诉说大王与玉女的爱情故事，诉说大红袍的来历，诉说现代人所有的烦恼，诉说一杯茶所带来的幸福和感悟。

（二）荣　誉

1. 世界上最大的"茶馆"

剧场的表演区域由环绕在旋转观众席周围的仿古民居表演区、高地表演区、沙洲地表演区与河道表演区等共同组成。仿古民居表演区借鉴了武夷山下梅古民居的建筑元素，使得演出现场更像是有着 1988 个座位的巨型茶馆。

2．唯一的"双世遗""印象"作品

《印象·大红袍》是目前全世界唯一在 23 个世界自然与文化双遗产胜地创作的"印象"作品。

六、"印象"系列之《印象·普陀》

（一）演出内容

《印象·普陀》演绎的故事着重围绕"人、佛、禅"三元素，渐次展现"朝佛、问佛、悟佛"三大内容，共九个章节。其故事的表达浅显易懂，接近民众，体现了"用佛的理念关爱，用禅的哲意生活，感受世间的美丽"这一美好愿望。《印象·普陀》运用360度旋转舞台，闭合自如的移动"幕板"及超强的声、光、电等高科技手段，结合舞台剧、影视剧、动漫等多种形式，在天地间呈现出不同的大自然景象及一幕幕佛理禅意故事。

（二）演出特色

《印象·普陀》整场演出借佛教文化中的大爱、善意、美德与自悟为主题元素，表达了所有时代人类社会中的共通情感，使人们通过不同角度的思考与发现，体验生命之美。同时，实景动漫作为其艺术表达的新形式，将空间、时间组合在一起，使观众可以在真实自然的环境下，亲临一场多重感受的魔幻仙境。

七、"印象"系列之《印象·武隆》

（一）演出内容

《印象·武隆》大型山水实景歌会的主题是"消失"。节目涵盖了关于巴渝的历史与文化的记忆，通过展现巴蜀文化的风土人情和已经濒临消失的艺术形式、生活方式，以及现代文明和传统文化的冲撞，来反思、号召传统文化的传承。

（二）演出特色

《印象·武隆》整场实景演出，以非物质文化遗产"川江号子"为主线，开场就引出了"川江号子"，并通过声情并茂的朗诵配音演绎勾起了观众对川江文化的回忆，带着大家进入历史长河。演出大胆融入了女性纤夫的柔美和刚强，体现了重庆女人进房能织布、出门能拉纤的坚韧不拔、不屈不挠的精神和生活状态。演出中融入女性的细腻，与阳刚纤夫完美结合，是一场还原了宏大的川江纤夫历史文化精神和生活的历史大剧。

参考文献

[1] 刘英武，宋伟．体育产品的包装与设计——以运动鞋的品牌包装与设计为例 [J]．湖南包装，2007（1）：20-22，19．

[2] 翁飚．休闲体育经营管理教程 [M]．北京：北京体育大学出版社，2010．

[3] 李世国，华梅立，贾锐．产品设计的新模式——用户体验式 [J]．包装工程，2007，28（4）：90-92，95．

[4] 李晓英，周大涛．企业产品开发全过程设计评价流程与方法研究 [J]．科技进步与对策，2018，35（24）：144-149．

[5] 徐洁．桂林体验式体育旅游产品设计及线路分析 [J]．商场现代化，2008（4）：341-343．

[6] 杜玉，杜杰．浅谈产品的人性化设计 [J]．科技资讯，2011（26）：238．

[7] 罗宏凯．产品设计中的设计流程管理 [J]．科技创新与应用，2016（27）：278．

[8] 刘甲爽．体验经济时代体育旅游产品开发创新初探 [J]．当代体育科技，2016，6（6）：177．

[9] 许小侠，范建华．产品设计中的创意设计流程探究 [J]．吉林工程技术师范学院学报，2013，29（4）：55-56．

[10] 谭陶．产品设计中的绿色设计方法及其评价流程 [J]．产业与科技论坛，2007（3）：79-81．

[11] 王军．论体验经济时代体育旅游产品的设计与实现 [J]．商场现代化，2008（22）：337．

[12] 王菊．产品设计中美学视野的多元扩展 [J]．大舞台，2015（7）：70-71．

[13] 张承谦，胡苗结．基于流程再造的产品开发设计管理模式研究 [J]．合肥工业大学学报（社会科学版），2006，20（1）：51-53．

［14］谢卫．环都市乡村休闲体育旅游产品多元升级发展研究——以成都市为例［J］．成都体育学院学报，2017，43（4）：46 - 50.

［15］蒲玉宾，姜娟，胡雁．辽宁满族文化特色冰雪体育旅游产品设计［J］博击（武术科学），2013，10（11）：82 - 84.

［16］许世虎，逯新辉．基于消费类医疗产品的界面设计流程分析［J］．包装工程，2012，33（8）：64 - 67，95.

［17］禹椰．企业休闲体育"私人定制"健康管理服务产品设计研究［J］．文体用品与科技，2017，20（20）：166 - 167.

［18］李月恩，王震亚．设计思维［M］．北京：国防工业出版社，2011.

［19］林征，张兴，王哲．产品设计的设计美学鉴赏［J］．群文天地，2011（16）：79.

［20］李林林，宋昱，刘东升．北美职业体育产品设计模式研究［J］．体育文化导刊，2013（10）：75 - 78.

［21］陈叶，周红生．设计心理学［M］．合肥：安徽美术出版社，2013.

［22］黄江杰．产品情感设计中的美学因素与用户体验研究［J］．大众文艺，2017（24）：35 - 36.

［23］毕源琳．辽宁中等收入群体休闲体育旅游产品开发研究［J］．中国证券期货，2011（2）：102，148.

［24］王福广．浅谈产品设计中的设计美学［J］．工业设计，2017（2）：113，115.

［25］邓秀勤，郑伟民．泉州市体育休闲旅游产品开发研究［J］．商丘师范学院学报，2012，28（3）：112 - 116.

［26］李兰．设计软件在产品设计流程中的应用［J］．包装工程，2015，36（14）：137 - 140.

［27］毕斗斗，谭华．体验经济背景下的体育旅游产品体验化设计［J］．体育学刊，2009，16（7）：46 - 49.

［28］周君，邓樱．消费者体验价值的产品开发设计策略形式［J］．南华大学学报（自然科学版），2016，30（1）：124 - 128.

［29］吴佩平，傅晓云．产品设计程序［M］．北京：高等教育出版社，2009.

［30］王静．体育艺术产品开发研究［D］．北京：北京体育大学，2016.

［31］BOOZ，ALLEN，HAMILTON. New product Management for the 80′s［M］.

New York：Booz，Allen & Hamilton Inc，1982.

［32］URBAN G L，HAUSER J R. Design and Marketing of New Products ［M］. Second Edition. NJ：Prentice – Hall，Englewood Cliffs，1993.

［33］柳絮. 我国体育旅游产品开发与设计的研究综述 ［J］. 当代体育科技，2020，10（16）：219 – 221.

［34］邹月辉，谭利. 我国体育用品智能化发展研究——以可穿戴式运动产品为例 ［J］. 南京体育学院学报（社会科学版），2015，29（4）：87 – 91.

［35］朱晓露，李倩. 基于旅游供给侧改革的佤族体育旅游产品开发 ［J］. 创造，2017（7）：72 – 73.

［36］钱应华. 基于体验视角的体育旅游产品设计与开发 ［J］. 体育科学研究，2008，12（4）：11 – 13.